死ぬまで痛みのない体を
手に入れる10の習慣

すごい可動域

KELLY STARRETT & JULIET STARRETT
Built to move
The 10 essential habits to help you
move freely and live fully

著
ケリー・スターレット
ジュリエット・スターレット

訳
山田雅久

ジョージアとキャロラインへ

BUILT TO MOVE
BY
Kelly Starrett and Juliet Starrett

Copyright © 2023 by Kelly Starrett and Juliet Starrett.
All rights reserved.

Published by agreement with Folio Literary Management, LLC
and Tuttle-Mori Agency, Inc.

我動く、ゆえに我あり

村上春樹

イントロダクション

健康とは、

私たちが公言している夢と公言していない夢を

実現する能力である。

モシェ・フェルデンクライス（物理学者、柔道家）

　本書は、**現代人が直面している、老化やケガ、椅子に縛られた生活から生じる肉体的な痛みや機能不全を乗り越えていくための手引書だ。**
　この本をガイドとして使えば、ちょっとした動きでギックリ腰にはならなくなる。デスクワークの後に椅子から立ち上がろうとして、しばらく前かがみでいることを強いられることもなくなる。肩も楽になる。体重が減り、糖尿病などの疾患にかかりにくくなる。背骨が安定し、エネルギーが湧くようになる。心が澄んでくる。アスリートとかエクササイズに熱心な人なら、より速く、より強くなり、肩やハムストリングスを損傷する可能性が低くなる。膝の痛みも遠のいていく。

　耐久性の高い体を自らつくり上げていくことが、この本の目的になっている。私が何を言いたいか理解してもらうために、まず靴を脱いでみてほしい。そう。靴を脱ぐ。そして、次の手順を試してほしい。

　　　床に何も置かれていない安全な場所に移動する。立ったまま片足

をもう一方の足の前で交差させる。何にもつかまらずに膝を曲げ、体を床に下ろしていき、あぐらをかいて座る。

　次に、あぐらをかいて座った姿勢から、バランスをとるために両手を前に伸ばして前かがみになり——可能であれば、手や膝を床についたり、何かを支えにしたりせずに——床から立ち上がる。

　あなたは今、「座って立ち上がるテスト」を受けたことになる。できただろうか？　できなかったとしても心配しなくていい。テレビに、「座って立ち上がれるか試してみよう」という公共広告が流れることはない。医師がこの動作に言及することもない。フィットネストレーナーは別のことを教えるのに忙しいだろう。

　しかし、支えなしで座ったり立ち上がったりできることは、あなたが動く体をもっているかどうかを見分ける方法になる。それは、長く生きられる体をもっているかどうかを判断する方法でもある（詳しくは、バイタルサイン１を読んでほしい）。

　「座って立ち上がるテスト」をイントロダクションで紹介する理由は、座ったり立ち上がったりできることの意味を考えてもらいたかったからだ。これを「**モビリティ**」という。

　「フィットネス」と同じように、「モビリティ」も内容が定まっていない用語だ。本書ではモビリティを、**関節、筋肉、腱、靭帯、筋膜、神経系、脳、体内を走る血管系など、体を構成するすべてがいきいきと動いている状態**と定義する。**今いる場所だけでなく、人生そのものを自由に動き回ることを可能にする要素だ。**

　この本のプログラム、そして私（ケリー）とジュリエットのライフワークは、「モビリティ」を構成する要素のすべてに取り組んでいくことにある。このプログラムを使えば、**体の制限や硬直、痛みを克服できるし、敏捷性、動きやすさ、踏み出す一歩の強さを得られる。**

　優れたモビリティを獲得するのにエクササイズは必要ない。

有酸素運動も、筋力トレーニングも必要ない。

　代わりにやるのはごくシンプルな動作であり、このやり方で体を動かせばモビリティ能力が向上するだけでなく、**体内システム（消化器、循環器、免疫系、リンパ系）が改善される。**モビリティはエクササイズを始める前の準備運動にもなる。しかし、それ以上に大切なのは、体を自由に動かすための基礎システムを使うことで、その基礎システムをいつまでも失わずにいられることだ。モビリティに親しむことが、これからの人生を支える習慣になるのだ。

一生自由に動く体を手に入れる

　本書の前提はシンプルだ。

```
┌────────────────────┐   ┌────────────────────┐   ┌──────────────┐
│      10 の         │   │      10 の         │   │              │
│「自分の体を評価してみよう」│ + │「心がけたい動きと習慣」│ = │ 自由に動く体 │
└────────────────────┘   └────────────────────┘   └──────────────┘
```

　ほとんどの人がこれまで聞いたことのない技術を紹介し、誰もが達成できるプランに落とし込んである。先ほどの「座って立ち上がるテスト」は生きていくうえで重要な指標となる。

　このテスト以外にも、可動域がどれだけあるかとか、体を動かすために必要な生活上の習慣を評価するといったテストがある。調べるのはバイタルサインだ。実際には、腕を頭上までスムーズに上げられるかどうか、片足でバランスを取れるかどうか、1日の微量栄養素の摂取量は多いか（少ないか）、1日の睡眠時間は何時間かなどを調べることになる。

　伝統的にバイタルサインと呼ばれているものとは違うが、脈拍、血圧、コレステロール値を測るのと同じように、痛みや疲労の原因を知る手がかりになる。そして、**「動く」うえで、あなたの体に何が欠けているかが明確になり、年齢を重ねてもどれだけ活動的でいられるかがわかる。**

　各章（バイタルサイン）のテスト「自分の体を評価してみよう」は

「心がけたい動きと習慣」と対になっている。この「心がけたい動きと習慣」が、テストの結果が芳しくないバイタルサインを改善するための方法になる。

・ また、巻末に、「心がけたい動きと習慣」を日々の生活に組み込むためのプログラムを示しておいた。

私たちはフィットネス界に長く身を置いてきた。そして、誰にとっても必要なのはこの10項目であることを学んできた。**この10項目は生きていくうえでの基礎となるものだ。**リタイアしたゴルフ愛好家や、時間がなくて週末にしか犬と散歩に行けなかったりする中間管理職にとって、とても重要な10項目になる。1日の大半をコンピュータとにらめっこしながら過ごす30代にとっても、とても重要な10項目になるだろう。

初めて大ケガをした23歳のマウンテンバイク選手と、関節がきしんでいる68歳のおばあちゃんには共通点がないように思えるかもしれない。しかし、どちらにも必要なのが、**モビリティ能力のメンテナンス、つまり、人間の自然な身体状態を保全し、強化する方法だ。**あなたの目標が、荒れた海峡を泳いで渡るとか、ニューヨークシティマラソンを完走することであっても、もしくは単に、ネットサーフィンの長いセッションの後、背中に痛みを感じることなくデスクから立ち上がりたいだけでも、この本があなたの助けになるはずだ。

人々の健康状態は、年齢、活動レベル、能力、痛みなどが積み上がってつくられている。そして、私たちは皆、重力、テクノロジーの進歩、食生活の乱れや変化、ストレス、睡眠障害、避けることができない老化のプロセスと戦っている。本書が行うこと。それは、もともと動くようにつくられている体が動かない状態から、回復への道筋をつけることにある。本書で提供したいのは、この過程を気持ちよく乗り切っていく方法だ。

生きていくための最高を
あなたの体から引き出す

2010年、私たちはMobility WOD（Workout of the Day）という会社を設立し、その名の通りモビリティに焦点を当てた動画をYouTubeに投稿し始めた。

私たちの活動が革命を起こすとは予想もしていなかった。いつの間にか、「モビリティ」はスポーツやフィットネスの専門家の間で流行語になっていた。Mobility WODは、やがて現在の会社であるThe Ready Stateへと姿を変え、米軍の全部門、NFL、NBA、MLB、NHLの選手やコーチ、オリンピック選手、大学のスポーツチーム、フォーチュン500の企業など、何千人もの人たちのモビリティに取り組むようになっていった。

しかし、**モビリティは、肉体的エリートが最高のパフォーマンスを発揮するためのものではなく、誰もが、生きていくうえで最高のパフォーマンスを発揮できるようになるものであることをここで強調しておきたい**。モビリティを最大化するためにやることは、誰であろうと同じだ。トップアスリートを育成する方法は、アスリートでない人をより機敏に動けて痛みのない人間にする方法でもある。

体を再野生化させる

座りっぱなしがあらゆる問題を引き起こすことは、あなたもすでに知っているだろう。その中でも最悪なものが早死にすることだ。しかし、そのメッセージはどういうわけか、ソウルサイクルやペロトンバイクで1時間思い切りペダルを漕げば克服できるという考えに変換されている。

体を鍛えるのは良いことだが、それは人間の基本動作とは異なる。足を踏み出す、バランスを取る、しゃがむ、体重を移動する、手を伸ばす、押す、引くなどの動きは一日中続く。こういった体の基本的な動きは、

関節から消化器系に至るまでのすべてを良好な状態に保つ機能的な動作でもある。私たちは、毎日何らかの形で体を動かしているが、ほとんどの人は十分に、あるいは必要な方法で体を動かしていないのが実情だ。

私たちの脳より下は、動くようにできている。私たちが移動できる体になったのは、祖先が狩猟や採集をしていたからだ。食糧を得ることができる、できないは動くことに依存していた。しかしそれ以外の生命維持プロセスも動くことに依存している。

ヒトの体は、歩くことで必要なものが体内を流れるようにできている。そのため、歩くことは、すべての組織に栄養を与える方法であり、鬱血を取り除く方法であり、体内の老廃物の排出を促す方法でもある。

ヒトはまた、地面にしゃがみ込むようにプログラムされている。初期の人類は地面に座り、地面で眠り、地面で排泄をした。多くの文化圏では今でもそうしているのだが、そのことが平均的なアメリカ人よりも彼らのほうが高齢になっても活動的でいられる理由の一つかもしれない。また、欧米人が関節痛になったり、人工関節置換術を経験したりする可能性が高い理由にもつながるかもしれない。

生活スタイルを全面的に変えることはできないが、保全生態学の用語である「再野性化」の概念を拝借して、体の「再野生化」を目指すことはできる。「再野生化」は、一般的には「自然のプロセスを回復させ、保護すること」と定義される。他の生態系と同じように、私たちの体も最適に機能するよう設計されている。この本のすべては、その自然な状態を取り戻す、つまり**「体を再野性化」することを目的**にしている。

生きていくうえで必要な基本的機能を取り戻し、維持するためには、今までと異なるアプローチとツールが必要だ。それがモビリティ能力だ。モビリティ能力はベースキャンプのようなものになる。ベースキャンプを確保すれば、どんな山でも登ることができる。

マラソンを完走したい？　外国を自転車で旅したい？　やりたいこと

は、毎週末のハイキングかもしれないし、ちょっと長めのウォーキングかもしれない。目標がなんであれ、痛みを伴うことなく、それができるようになる。ここが、今日と将来のためのスタート地点になる。**モビリティ能力を取り戻せば、晩年も痛みに悩まされることなく過ごせるようになるだろう。**

　過去10年間、私たちは何万人もの人に本書で紹介するやり方を実践してもらい、素晴らしい結果を得てきた。他の人に実践してもらうだけでなく、もちろん私たち自身も10の「心がけたい動きと習慣」を行っている。

　フィットネス業界に長くいるので、私たちは、あらゆるトレーニングプラン、あらゆる器具、あらゆる高度なフィットネス技術にアクセスすることができる。世界で最も偉大なアスリートに電話をかけて、アドバイスしてもらうこともできる。しかし、私たち自身に何か問題が起こったとき、最初に行うのはこの本の中に書いた内容だ。ここが私たちの出発点であり、正直なところ、日々の忙しさに忙殺されると、この本の中にある「心がけたい動きと習慣」をこなすだけで手一杯になる。つまり、**私たちは完璧ではないし、あなたにも完璧であることを期待していない。**この精神がプログラムにも組み込まれていて、とても実行しやすいものになっている。

　本書は、**日々続けるには難しすぎるものを羅列するのではなく、ちょっとしたことを意識的に行えるように書いている。**それは、椅子から立ち上がる回数を増やすこと、バランス能力を改善するために数分間片足で立つこと、ブロッコリーを皿に追加すること、睡眠を助けるアイマスクを着用すること、テレビを観るときは床に座ること、腰や肩、背骨をよく動かすことなどである。

　以上は、しばらくサボったとしても、また始めればいい。こういった習慣を日々の基本にすることが生涯健康でいるための拠り所になる。**動**

くためにつくられている自分の体を感じながら、人生をスムーズに送っていけるようになる。なぜなら、あなたはそうつくられているからだ！

この本から得られる 10 のこと

- 可動域と姿勢が、健康や動きやすさ、痛みにどのようにかかわってくるかについて理解できる。
- テストを受けることで、現時点での体の状態や、「心がけたい動きと習慣」によってどれだけ体が変わったかを知ることができる。
- コリを和らげ、痛みを解決するためのモビライゼーション技術を学べる。
- 座ったり、立ったり、歩いたりしている頻度を認識し、そのことがなぜ重要なのか知ることができる。
- 健康を促す生活環境をつくるアイデアを得られる。
- より良い睡眠を得るための戦略を学べる。
- 微量栄養素とタンパク質を食事に取り入れる簡単な方法と、実は食べるべきではない食品について知ることができる。
- より良い可動性と健康状態をもたらし、ストレスを軽くする呼吸法について学べる。
- どこかが痛くなったら、まず、どうするか？　軟部組織に起きたトラブルに施す応急処置について学べる。
- 体の基本的なメンテナンスを自分で行うための知識を得られる（健康で耐久性のある体をつくるための技術を知ることができる）。

本 書 の 使 い 方

　私たちが本書で提案する BUILT TO MOVE（体は動くようにできている）プログラムを「10のテスト +10 の心がけたい動きと習慣 = より動く体になる 10 の方法」と要約したとき、あなたは、このキャッチフレーズに恐れを抱いたかもしれない。機能する体はほしいが、10 個の新しい実践を今の生活に取り入れられるだろうかと。

　実は、**10 の実践の多くは、あなたがすでに行っていることの調整に過ぎない。**つまり、日常生活に新たに組み入れるものではない。あなたはすでに座って、食べて、寝て、立って、呼吸し、歩いている。そこに修正を加えていくだけだ。

　新しいこともいくつかあるが——主にモビライゼーションだ——面倒な作業ではなく、忙しいスケジュールに簡単に組み込むことができる。そして、前にも述べたように、完璧を目指さなくていい。できるときにできることをするだけでよく、それ以上でもそれ以下でもない。

　最後に、テストについて一言。私たちの体はダイナミックに変化している。日々の行動に応じて、可動域も変化しやすい。本書に掲載されているテストはすべて、現時点での自分の体の状態を把握し、どこに注意を向けるべきかを知るための診断ツールである。あなたの体の価値を決めるものではない。誰の人生にも多くのことが起こっている。家族間でのストレス。仕事の忙しさ。アスリートならオーバートレーニングもあるだろう。変数はたくさんある。睡眠と食事習慣、どんな呼吸をしているかなどもそうだ。

　今日は問題がなくても、明日は何かを調整する必要があるかもしれない。「バイタルサイン」をモニターとして使うと、今の体にどんな調整が必要なのかがわかる。問題があるバイタルサインは、その章にあるモビライゼーションを使うことで解決に向かっていくだろう。

頭に入れておきたいいくつかの用語

　フィットネスオタクの用語やフレーズはできるだけ避けたかったが、説明していくうえで最低限必要になる専門用語がいくつかあった。ここで、それらの用語とその定義について紹介したい。

■ **可動域**——片方の手の甲が前腕の外側に向かうように手首を曲げる。次に、手のひらが前腕の内側に向かうように手首を曲げる。両方の動作で動かすことができる範囲が、あなたの手首の可動域になる。手首関節と同じように、各関節は一定距離を動かせるようにできている。各関節はまた、異なる方向に伸ばしたり曲げたりすることができる。多方向に動く関節もある。その動く範囲があなたの可動域だ。

　可動域が広いというのは、ある関節を、本来、動かせる最終地点近くまで動かすことができることを意味する。現代生活における活動やほとんどのエクササイズ（特に限られた種類のエクササイズしかやっていない場合）には、可動域の一部しか使わないものが多い。しかし、私たちにはもっと広い可動域があり、そこまで動かす必要がある。負荷がかからない筋肉が筋力を失うように、動かさない関節は可動域を失う。

■ **エンドレンジ**——関節の可動域内で最も遠い点。

■ **屈曲と伸展**——体の各部分はさまざまな方法で動くが、本書で言及する基本的な動きは、屈曲と伸展の2つになる。屈曲は、前かがみになったときのように、体の部分と部分（この場合は、上半身と下半身）の間にある角度を閉じる動作を指す。伸展は、肘を伸ばしたり、脚を後ろに伸ばしたりするときのように、体の各部分間の角度を広げる動作のことを指す。

■ **モビライゼーション**——私たちの体は、その日その日に取っている姿勢に適応していく。例えば、一日中椅子に座りっぱなしだったり、クルマを長時間運転したりすると、股関節は可動域が狭くなり、硬くなる。モビライゼーションは、こういった単一の姿勢や動きの欠如がもたらす影響に対抗するために考え出された技術だ。筋力を増強するためのエクササイズではない。**関節を動かすことで、圧迫されていた軟部組織（皮膚、神経、筋肉、腱）をほぐし、本来の動きのパターンに体を慣らして、戻すことが目的**になっている。

脳との関わりでは、ある姿勢を安全に取ることができることを脳に教え、本来できるはずの自然な動きにブレーキがかからないようにする。呼吸筋を含めた筋肉の収縮と弛緩も、モビライゼーションの対象になる。モビライゼーションは、痛みを引き起こしたり、体にもともと備わっているしなやかさを奪ったりしている硬直した筋肉や関節の制限を改善する動きでもある。

静的ストレッチ（筋肉をゆっくり伸ばし、伸展した状態を維持する類のストレッチ）をやったことがある人なら、この本に登場するモビライゼーションの中に知っているものがあるはずだ。しかし、モビライゼーションと従来のストレッチには違いがある。ストレッチは、通常、受動的緊張を通じて、筋肉に働きかけるものだ。

一方、モビライゼーションは、結合組織、関節、神経系などを含めた、筋肉に留まらないさまざまな運動システムを対象にする。ストレッチは可動性を改善するうえで限定的な効果しか生み出さない。モビライゼーションは、本来、私たちの体に備わっている可動域そのものを取り戻す方法である。

■ **収縮と弛緩**——モビライゼーションのほとんどは、「コントラクト・アンド・リラックス」と呼ばれるテクニックに基づいている。これは筋肉を収縮させ（緊張させる、締める）、次に弛緩させる（収縮を解

き放つ）動きだ。数秒間収縮させ、数秒間弛緩させ、一定時間この動作を繰り返す。このテクニックは「固有受容性神経筋促通法（PNF）」と呼ばれる理学療法から生まれたものだ。ある姿勢を取って、そこで筋肉を制御する方法を脳にトレーニングさせ、覚えさせるという考え方が背景にある。

　筋肉や関節がエンドレンジに達しているとき、筋力は弱まる。重たい何かを手にしているときを想像してほしい。腕を曲げているときよりも、腕を完全に伸ばしているとき（これがエンドレンジだ）のほうが重くなる。しかし、水でいっぱいのパスタ鍋をシンクからコンロまで運ぶといった、腕を完全に伸ばした状態で何かを持たなければならない場合がある。腕を伸ばして収縮・弛緩させれば、腕を伸ばして重いものを持っても大丈夫であることを脳が理解し、その姿勢を安全に保つために必要な筋肉をうまく使えるようになる。収縮・弛緩させる技術は、痛みを自分で和らげ、感覚を鈍らせるために使うこともできる。

■ **アイソメトリクス**──関節を動かさずに筋肉を収縮させる動作。コーヒー店で列に並んでいるときにお尻を締める。それがアイソメトリクスだ。

■ **負荷をかける**──重量を加えて体にかかる力を増やすこと。筋力トレーニングの話の中で耳にすることが多い。ダンベルを持ち上げるとき、そこには負荷がかかっている。筋トレ以外でも、体に負荷をかける方法はたくさんある。

　例えば、食料品や収納ボックスを運んだり、バックパックに本や缶を入れ、それを背負って散歩したりすること（ラッキング──115ページで詳しく説明する）でも、負荷をかけることができる。体にかかる重量を増やしてはいないものの、普通は1回しか行わないことに反復を加える場合も、負荷がかかる。椅子から立ち上がったり座ったり

することを 10 回繰り返せば負荷をかけることができる。速度を加えることでも負荷をかけられる。そのため、速く歩いたり走ったりすると負荷をかけることができる。平坦な道ではなく、坂道や階段を使うときも負荷がかかっている。

　負荷をかける目的は、好ましい適応反応を引き出すことにある。これは、筋肉やその周辺組織だけでなく、骨にも当てはまる。骨細胞は絶えず破壊され、新しい骨細胞に置き換わっている。この「リモデリング」と呼ばれるプロセスを刺激するために、骨にも負荷が必要になる。**負荷をかけることは、骨格を健康に保つために不可欠なものの一つだ。**

■ **システムサポート**――あらゆる可動域エクササイズを行い、1 日 1 万歩を歩いても、組織に栄養が行き渡らず、眠りが浅く、弱々しい呼吸をしていたら、効果は小さなものになる。活動する能力を向上させるには、もっと活動的になればいいという考え方に陥りやすい。しかし、活動とその燃料になるものを切り離すことはできない。栄養、睡眠、呼吸を適切に整えることが基礎となる。

予 想 さ れ る 質 問

　予想される質問がいくつかあるので、事前に答えておこう。

Q **モビライゼーションを始めた後もストレッチを続ける必要があるか？**

　先ほどストレッチについて少し触れたが、ストレッチは定番のテーマなので、詳しく説明しておきたい。誰もがそれについて話すが、真剣に取り組んでいる人はいるだろうか？　私たちの意見は「ノー」だ。効果のあることに人々は固執するが、ほとんどの人はストレッチに固執してはいない。ストレッチが効かないからだ。

　ストレッチは大きな筋肉に緊張を引き起こす。両足を交差させて、前

かがみになって床に触れようとすると、突然ハムストリングスに張りを感じる。それがストレッチだ。多くの人はストレッチすると筋肉が変化すると思っている。しかし、たいていの場合、受動的に筋肉を引っ張るだけで大した効果は得られないし、可動域も改善されない。

変化を起こすには、筋肉だけでなく、筋膜（筋肉を取り囲む結合組織）、関節、神経系、脳、呼吸を関連づける必要がある。それがモビライゼーションとストレッチの違いだ。

モビライゼーションは、エンドレンジまで関節を向かわせる動きのことだ。モビライゼーションを行うことは、事実上、自分の体にこう言っているのと同じだ。「どうだい。ここまで関節を動かせる。呼吸もできているから大丈夫だよ」と。これは、いわゆる暴露療法であり、この姿勢を取っても安全だという信号を脳に送っている。

筋肉が変化することを期待して組織を引っ張ることとは根本的に違うものだ。**脳と動作をつなぐことで、本当の変化が起こる。**脳と体がエンドレンジに慣れると、必要なときに安全にその姿勢を取ることができるようになる。股関節を例にすると、股関節の可動域を広げられるようになると、大きな歩幅で走れるようになる。

ストレッチをするのは悪いことではない。害はないし気持ちよくできるときもある。しかし、ストレッチは、運動システムのすべてを対象にしたものではないので、効果を得るという点では不十分だ。気に入っているならストレッチすればいい。しかし、痛みを軽くし、よりスムーズに動き、肉体的なストレスからの回復力を高めたいのであれば、モビライゼーションをやったほうが効果的だ。

Q モビライゼーション中に痛みを感じたらどうしたらいい？

呼吸が激しくなるのが苦しかったり、筋肉に負担がかかったり、エクササイズ後の痛みに悩まされたりするのが嫌という理由でエクササイズをやらない人は多い（これらのすべてがやりがいにつながるという人も

いるが)。私たちは、モビライゼーションを一般的な意味でのエクササイズとは考えていない。

なぜなら、**エクササイズがもたらすような加速度的な呼吸や筋肉への負荷を伴わない**からだ。ただし、多少の不快感とか、モビライゼーション後の筋肉痛はあるかもしれない。だからといって、間違ったやり方をしているわけではないし、効果を得るには痛みを感じなければダメだというわけでもない。

モビライゼーションのポイントは、正しい姿勢に体を導くことにある。普段はそこまで動かさないので、体が何らかのフィードバックを返してくる可能性はある。とはいえ、鋭い痛みを感じたら、それは危険信号だ。多少の不快感や筋肉痛なら問題はない。

モビライゼーションの強度はコントロール可能だ。ボールやローラーのような道具を使って圧をかけたときに、ある部分が敏感に反応した場合は喜んでいい。それは、モビライゼーションをやることで改善する部位を見つけたということだ。ハムストリングスの臀部寄りの部分をローラーで転がしても問題ないが、5センチ下にローラーをずらしたら圧痛があったとする。それが、何らかの力が必要であるという体からのフィードバックだ。その場合は、やさしく、継続的に、そこをローラーし続ける。

対象とするのが大きな筋肉群であれば、片側4〜5分のモビライゼーションを行う。ほとんどの人は、ハムストリングスや臀部への強い圧力に耐えることができる。しかし、大腿四頭筋にかかる圧力には、いささか敏感になるようだ。

当然だが、より強く押さえると強度が上がる。曲げたり伸ばしたりする場合は、より大きく深く動かすと強度が上がる。その逆を行うと強度が下がる。無理のないところで続けてほしい。**どんなモビライゼーションをやっているときも、深呼吸できるかどうかが大切だ。**呼吸が、最高の「強度測定器」になる。深呼吸が可能であれば、適切な力のかけ方をしている。

Q モビライゼーションを行うのに最適な時は？

　実際に行動に移すことができたなら、いつモビライゼーションに取り組むかは重要ではない。人によって適切な時間は異なる。私は、夕方、テレビを見ながらモビライゼーションをやっている。その間、邪魔になるようなことが何も起こらないからだ。その後の睡眠へなめらかに移行できるよう、ローラーやボールを使ったモビライゼーションを追加して、副交感神経系（体をリラックスをさせるシステム）に働きかけることも多い。ジュリエットは朝型で、午前中のワークアウトにモビライゼーションを組み込んでいる。彼女はクールダウンの一環としてそれを使っている。

　エクササイズ前のウォーミングアップにモビライゼーションをやったほうがいいだろうか？　特別に取り組みたいことがある場合——例えば、前日のランニングのタイムがよくなかったが、股関節を伸展させるモビライゼーションをやれば改善しそうだ、あるいは、ローリングすれば、ふくらはぎのけいれんが収まりそうだ——は、そうしてほしい。ただし、ウォーミングアップに使うなら、体が温まって軽く汗をかくくらいまでやったほうがいいだろう。

　この本で紹介している「心がけたい動きと習慣」を毎日に組み込むための具体的なテンプレートを「24時間サイクル」と「21日間の BUILT TO MOVE チャレンジ」（248ページ）で紹介している。ここを読めば、毎日10分間行うくらいでいいことがわかる。もっと時間を割ければなお良いが、1日のうちの10分間を捻出できない人はいないだろう（言い訳はできないということだ）。

　そして、1日10分間ということは1週間で70分間、1カ月でおよそ280分間、1年で3,650分間をモビリティ強化に使う計算になる。最終的には手厚く体をケアできる時間数に達するが、毎日あまり時間を費やす必要がないことがわかるだろう。

Q それぞれのモビライゼーションは毎日行う必要があるか？

「21日間の BUILT TO MOVE チャレンジ」を読めばわかるが、モビライゼーションは分散させたり、好きなように組み合わせたりすることができる。毎日少なくとも1回のモビライゼーションをやることをお勧めするが、できればそれ以上が望ましい。

必 要 な 道 具

本書に掲載されているモビライゼーションの中には、道具が必要なものがある。ほとんどがシンプルで比較的安価なものだ。もし持っていなくても、家にあるもので代用することができる。以下はそのラインナップである。

- **ラクロス競技用のボール、またはテニスボール**——ラクロス競技用のボールは硬いので、軟部組織に沈み込み、その組織を「はがす」のに役立つ。柔らかいテニスボールでも効果がある。

- **フォームローラー**——セルフマッサージするときに使われる円筒形のチューブ。手に入らない場合は麺棒で代用できる。

- **エクササイズバンド**——この伸縮性のあるバンドは、関節を適切な位置に配置させるのに役立つ。ストラップ、ベルト、タオル、Tシャツなどで代用できる。

- **PVC（塩ビ）パイプ**——90 〜 120 センチの長さがあるものを使う。ほうきで代用できる。

始める前に

　この本を読み、実践することで、あなた自身の体についてのより深い知識を得てほしい。私たちが紹介するプログラム "BUILT TO MOVE" の核心は「自己発見」にある。必要なとき、思い通りに、体を動かせるか？　体が必要とするものを食べているか？　十分な睡眠をとれているか？　あなたが感じている痛みの本当の原因は何か？　自分の体に、今まで知らなかったどんな力が隠れているのだろうか？　実践しながら読み進めていけば、読み終わる頃には、明白になっているはずだ。

すごい可動域 死ぬまで痛みのない体を手に入れる 10 の習慣 ● 目次

イントロダクション ··· 4

一生自由に動く体を手に入れる ································· 6

生きていくための最高をあなたの体から引き出す ·········· 8

体を再野生化させる ······································· 8

この本から得られる 10 のこと ························ 11

本書の使い方 ··· 12

頭に入れておきたいいくつかの用語 ··········· 13

予想される質問 ····································· 16

必要な道具 ··· 20

始める前に ··· 21

バイタルサイン **1**

支えなしで、座って、
立ち上がることができるか？ ········· 30

自分の体を評価してみよう 座って、立ち上がるテスト ················ 31

体は椅子ではなく、床に座る前提につくられている ······ 35

椅子に御用心 ·· 36

なぜ椅子に座り続けるとよくないのか？ 39

床に座ることで体が整う 41

心がけたい動きと習慣
座る姿勢を変える、「座る力」を伸ばすモビライゼーション 42

ヨガやピラティスをやれば十分ではないだろうか？ 50

バイタルサイン **2**

広く深い呼吸をしているか？ 52

自分の体を評価してみよう　息止めテスト 54

より良い呼吸へのロードマップ 56

体の安定性とエネルギーをもたらす呼吸 58

レアードとギャビーの呼吸の冒険 60

良い姿勢が良い呼吸をつくる 62

なぜ鼻呼吸がいいのか 63

良い呼吸は痛みを吹き飛ばす 67

心がけたい動きと習慣
呼吸エクササイズとモビライゼーション 69

アナログ氏とガジェット夫人 73

バイタルサイン **3**

股関節を伸ばせるか？ 74

自分の体を評価してみよう カウチテスト 76

股関節は骨と筋肉のすべての不調につながる 81

なぜお尻を締めているといいのか？ 84

未来の体に投資する 85

股関節を「再野生化」する 88

心がけたい動きと習慣 股関節モビライゼーション 90

バイタルサイン **4**

最低 8,000 歩、歩いているか？ 96

自分の体を評価してみよう １日あたりの歩数を調べる 99

ウォーキングが圧倒的に優れている理由 101

体を動かしているときの脳 109

心がけたい動きと習慣
意図的なウォーキングとより多く歩くための戦略 110

３つのウォーキングスタイル 114

バイタルサイン **5**

首と肩が自由に動くか？ 118

なぜ可動域が必要なのか？ 121

自分の体を評価してみよう

パート1：腕上げテスト 122
パート2：肩の回転テスト 124

タコと貝殻とC字の体 125

腕を上げるために：個人的な物語 128

肩と首のナゾを解決する 131

心がけたい動きと習慣

肩の屈曲、背中上部、回旋筋腱板のモビライゼーション 134

腕立て伏せの正しいやり方 137

バイタルサイン **6**

動く体をつくる栄養素を摂っているか？ 140

強く、健康になるための栄養戦略が必要だ 141
年齢を重ねるほど必要なタンパク質量が増える 144

自分の体を評価してみよう
　　　　パート1：微量栄養素800グラムの摂取量 ……………… 146
　　　　パート2：タンパク質の摂取量 …………………………… 149

追加で確認したいこと ……………………………………… 152
　　　　1．フラペチーノテスト ……………………………… 153
　　　　2．24時間ファスティング ………………………… 155

800グラムの果物と野菜が、すべての死因リスクを低下させる …… 158

どれくらいのタンパク質量が必要なのか？ ………………… 163

プロテインパウダー──いいのか悪いのか？ ……………… 165

心がけたい動きと習慣
800グラムチャレンジとタンパク質強化 …………………… 167

〈特別セクション〉筋骨格系の痛みを軽くするには？ ………… 172

バイタルサイン

7

ちゃんとしゃがめるか？ ……………… 180

自分の体を評価してみよう スクワットテスト ………………… 182

しゃがみ込むことで軟骨がよみがえる ……………………… 186

心がけたい動きと習慣 スクワットバリエーション ………… 188

　　　　温冷療法の知られざるメリット ………………………… 191

バイタルサイン 8
バランス能力が維持できているか？ ……… 194

自分の体を評価してみよう
　パート1：SOLECテスト ……… 196
　パート2：オールドマン・バランステスト ……… 198

頭からつま先までのバランス ……… 199

　「土踏まず」がある意味 ……… 204

なぜバランス能力を維持する必要があるのか？ ……… 206

　遊びながらバランス感覚を鍛える ……… 208

心がけたい動きと習慣
バランス練習とモビライゼーション ……… 209

バイタルサイン **9**

立って仕事できる環境があるか？ ·········· 214

自分の体を評価してみよう 座っている時間を調べる ················· 216

立っているだけでカロリー消費と痛みに効果絶大 ······· 218

せっかくのエクササイズ効果も半減させる ················ 220

座っている時間をできるだけ短くする ················· 222

心がけたい動きと習慣
立って仕事する環境をつくり、座っているときも動く ··········· 224

動きにつながる座り方 ································· 227

バイタルサイン **10**

睡眠をおろそかにしていないか？ ··········· 230

自分の体を評価してみよう 睡眠時間を調べる ·················· 232

眠ることで記憶を定着させる ···························· 234

筋力やパフォーマンスが上がり、ケガもしにくい ················· 235

睡眠不足は寿命を縮める ······························ 236

「すべてを試してみた」のに、眠れないとき ··············· 237

睡眠は体に備わっているブレーキシステムである ⋯⋯⋯⋯ 239

心がけたい動きと習慣 もっと眠るための戦略 ⋯⋯⋯⋯⋯⋯⋯⋯ 241

睡眠の質にこだわる私たちの寝室 ⋯⋯⋯⋯⋯⋯⋯⋯⋯⋯⋯ 247

あなたのすべてを機能させる
24 時間サイクルと
21 日間の BUILT TO MOVE チャレンジ ⋯⋯⋯⋯⋯⋯⋯ 248

24 時間サイクル ⋯⋯⋯⋯⋯⋯⋯⋯⋯⋯⋯⋯⋯⋯⋯⋯⋯⋯ 250

21 日間の BUILT TO MOVE チャレンジ ⋯⋯⋯⋯⋯⋯⋯ 251

あとがき

何もやらないわけにはいかない！ ⋯⋯⋯⋯⋯⋯⋯⋯⋯⋯ 262

"THE BUILT TO MOVE" マインドセット ⋯⋯⋯⋯⋯⋯⋯ 262

アクティブな人になろう ⋯⋯⋯⋯⋯⋯⋯⋯⋯⋯⋯⋯⋯⋯⋯ 264

謝辞 ⋯⋯⋯⋯⋯⋯⋯⋯⋯⋯⋯⋯⋯⋯⋯⋯⋯⋯⋯⋯⋯⋯⋯⋯⋯⋯ 266

本文デザイン DTP ／石澤義裕
カバーデザイン／小口翔平、後藤司（tobufune）

バイタルサイン **1**

支えなしで、座って、立ち上がることができるか？

自分の体を評価してみよう
- 座って、立ち上がるテスト

心がけたい動きと習慣
- 座る姿勢を変える
- 「座る力」を伸ばすモビライゼーション

　支えなしで、座って立ち上がる。この簡単な動作ができるかどうかで、どれくらい生きられるかがわかるかもしれない。そう考えたブラジルとアメリカの研究者グループが、イントロダクションで紹介した「座って立ち上がるテスト」を、51歳から80歳までの男女2002人に行い、その6年後、テストした人たちがどのような状態にあるかを調べた結果が、2014年の『European Journal of Preventive Cardiology』誌に掲載されている。

　この共同研究の結果、6年の間に、被験者の179人（ほぼ8パーセント）が死亡していた。6年前のデータと照らし合わせると、床から立ち上がったり座ったりできなかった人の死亡リスクが高いことがわかった。

　また、テストで良い成績を収めた人ほどモビリティ能力（体を自由に動かす能力）が高いことが明らかになった。

モビリティ能力が高い人は、そもそも転倒しにくくなり、総合的な健康状態が良好だった。

　ご存じの通り、高齢者は転倒しやすい。骨折して寝たきりになり、そこから体調が悪化して死に至るケースも少なくない。転ばないように気をつけることは大事だが、この研究結果は、それよりも容易に座ったり立ち上がったりできる能力を維持することのほうが大切であることを示唆している。

　支えなしで立ったり座ったりできることは、体が安定していて、しなやかで、効率的に動けることを意味する。また、体が硬くなりにくいので関節の痛みを避けることができる。それは、ほとんどの人が熱望するものではないだろうか？

　私たちは「座って、立ち上がるテスト」を自分たちの仕事でも使っている。なぜかというと、見えないものを見えるようにしてくれるからだ。誰もが毎日、習慣的に動いている。体に染み付いた方法で体を動かしている。その人の体ができること、できないことは何なのか？　どこを改善できるだろうか？　**「座って、立ち上がるテスト」をやれば欠けているものが見えてくるのだ。**このバイタルサインを評価すれば、あなたも、あなたの体がどういう状態にあるかを知るための扉を開くことができる。それは、建設的な変化への道に踏み出す第一歩になるだろう。

(自分の体を評価してみよう)

座って、立ち上がるテスト

　このテストをやる主目的は、あなたの股関節の可動域が広いかどうかを判断することにある。さらに、脚と体幹の強さ、バランス力、調整力といった、座ったり立ち上がったりするのに欠かせない特性の有無がわかる。これらの要素が組み合わされることで、動作がスムーズで力強いものになる。そして転倒しにくくなる。つまり、歩いたり、走ったり、何かを拾ったり、きょうだいの結婚式でダンスを踊ったりするとき、自

由に思うままにそれらができる体になる。

　先に進む前に、いくつか心に留めておいてほしいことがある。難なくテストをクリアできれば花丸だ。それは、基本的な柔軟性が股関節に備わっていることを示している。床に片手（または、両手）をつく、膝をついて体を支える、ソファの背もたれにつかまるなどの支えを使わなければ立てない場合も合格だ。とりあえず、床に座ることができ、立ち上がることができる——そこに価値があるからだ。それすらできなくても、恥じることはない。スコアが出たら改善する方法を説明したい。さあ、テストを受けてみよう。

準　備

体を締め付けない服を着て、裸足になる。障害物がない場所を選ぶ。

テスト

テストの途中で支えが必要になるかもしれないので、壁や安定した家具のそばに立つ。片足をもう片方の足の前に交差させ、何にもつかまらずにあぐらをかいて床に座る（もちろん、不安定さを感じたら支えに頼る）。

次に、あぐらをかいた姿勢から、（可能であれば）手や膝を床についたり、何かを支えにしたりしないで立ち上がる。

両手を前に伸ばして体を前傾させると、バランスが取りやすくなる。

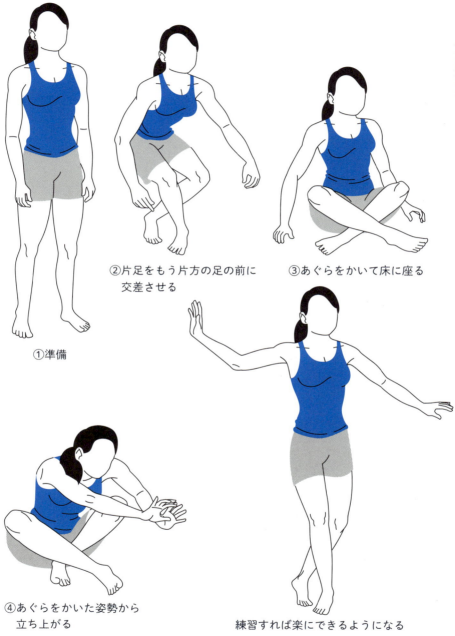

②片足をもう片方の足の前に交差させる

③あぐらをかいて床に座る

①準備

④あぐらをかいた姿勢から立ち上がる

練習すれば楽にできるようになる

結果が意味するもの

　10点満点でスタートし、以下の"支え"を使ったり問題があったりしたごとに1点ずつ減点する。

- 壁などの固い面に手をついて体を支えた
- 床に手をついた
- 膝を床につけた
- 脚の側面で体を支えた
- バランスを崩した

　スコアが良くても悪くても、それは単純に「ありのまま」を知るためのものだ。このスコアは、今後の進捗状況を測るための基準値にすぎない。改善が必要であれば（ほとんどの人がそうだろう）、出発点からどれだけ進歩したかがわかる値にもなる。最終的なゴールは、支えを使わずに床に座り、立ち上がることにある。後から説明する「心がけたい動きと習慣」を取り入れることでスコアを向上させ、10点になるまで再テストし続けてほしい。

　また、スコアが何点であろうと、座る・立つ能力を改善する方法と今の能力を維持するための方法は同じものになる。モビリティ能力の改善と維持のどちらが目的であっても、床に座る・立つ動作やモビライゼーションは毎日やったほうがいいということだ。

- **10点**——股関節の可動域が広いのは明らかであり、他のモビリティ能力にも恵まれている。しかし、現状に満足してはいけない。今の状態を維持するために「心がけたい動きと習慣」を続けてほしい。
- **7～9点**——あと少しの努力だ。バランス力や股関節の柔軟性を向上させれば10点に届く。
- **3～6点**——正しい方向に進んでいるが、改善の余地が大きい。不足

している股関節の可動域を改善するため、「心がけたい動きと習慣」に励んでほしい。

- **0〜2点**──床に座ったり立ったりするのが難しいか、まったくできない状態だ。しかし、落胆しなくていい。私たちの体は、もともと、座って立ち上がれるようにつくられているからだ。練習すればできるようになる。支えなしで立ち上がるには、股関節の可動域、脚と体幹をコントロールする力、バランス力が必要になる。「心がけたい動きと習慣」を行うとともに、床に座ったり立ち上がったりすることを習慣化すれば、この能力を開発できる。

いつ再テストすべきか？

床に座る機会があるごとに「座って立ち上がるテスト」を行うことが理想だ。その都度、どれだけ改善しているか確かめよう。

体は椅子ではなく、床に座る前提につくられている

1860年の昔からサンフランシスコに根付いているスポーツ施設がある。それがオリンピック・クラブだ。会員になると、シャンデリアの下で食事をしたり、入念に手入れされたコースでゴルフをしたり、ガラスドームのスイミングプールで泳いだりすることができる。おしゃれな場所には違いない。だから、そこに特別なストレッチ法とか珍しいアイソメトリクス、あるいは海軍特殊部隊にいなければ教えてもらえないモビリティ技術に接することを期待して講義を聞きに来た会員たちが、「脚を十字に交差させて座ることができるか？」と尋ねられたとき、一斉に戸惑いの表情を浮かべたのは予期できることだった。実際、床に座らざるを得なかった。椅子を片付けてしまっていたからだ。不快そうにもがく参加者たちを私たちは見ていた。

その日、私たちが伝えたかったのは、床に座ることの大切さだった。

定期的にそうしていれば、いつかは支えを使わずに、座ったり立ち上がったりができるようになる。利点はまだある。私たちは、毎日、何時間も椅子（仕事用のデスクチェアだけでなく、ソファやクルマのシートなど、体を直角に固定するもの）に座っている。その結果、体が受け入れてしまった効率的でない（そして時には、背中や腰の痛みにつながる）不自然な姿勢を、元の自然な状態に戻すことができるのだ。**私たちの体は、床（地面）に座ることを前提につくられている**。だから、床で過ごすようにすれば、股関節を「再野生化」することにつながる。股関節における可動域が回復し、立ったり座ったりが楽になり、長時間の椅子座りによって生じる筋骨格系の問題への処方箋にもなる。もう少し詳しく説明しよう。

椅子に御用心

　子供たちは、姿勢を変えながら何時間も床に座り続けることができる。そのため、立ち上がる技術に長けているのも偶然ではないだろう。座って立つ動作は、子供らしさの本質でもある。だから、私たちは子供がいつもそうしていることに気づきもしない。しかし、幼児を注意深く観察していると、いかに簡単に、そして頻繁に座ったり立ったりしているかが明らかになる。

　2012年にニューヨーク大学の児童発達心理学者グループが、生後12カ月から19カ月の幼児が1時間に平均して17回転んでいることを確認している。一方で、あくなき探求者である幼児たちは、同じ1時間内に2,000歩以上歩いていた。つまり、歩き続けるために1時間につき平均17回立ち上がっていることになる。幸いなことに、大人はこれほど頻繁に転んで立ち上がる必要がない。しかし、そうすることはできる。意識的に床に座り、意識的に立ち上がればいいのだ。

　座って立つというこの基本的な能力を、私たちはなぜ失ってしまった

のだろうか？　その原因を突き詰めると、椅子というシンプルな物体に行き着く。椅子やその他の対象物にヒトが座るようになった時期は、少なくとも1万2000年前の新石器時代までさかのぼる。古代エジプト人も椅子を常用しており、ツタンカーメン王も椅子とともに埋葬されていた。しかし、ガレン・クランツが『椅子：文化、身体、デザインの再考』（未邦訳）の中で指摘しているように、一部の文化圏は、西洋文化に遍在する椅子の魅力に断固として抵抗してきたし、今もその"姿勢"が変わることはない。カリフォルニア大学バークレー校の建築学部教授であるクランツは、直角に座る姿勢は世界中の3分の1～2分の1の人にしか受け入れられていないと書いている。

　非西洋諸国では、バスを待つためにしゃがんだり、食事をするためにひざまずいたり、手紙を書くためにあぐらをかいたりするのが普通だ。そのため、例えば中国人はアメリカ人と比べて、股関節における関節炎の発生率が80～90パーセントも低い。自然が意図した通りに股関節を使うことで、健康的で痛みのない股関節を保っているのだ。

　非西洋文化圏では、床で脚を組む姿勢が特に愛されている。姿勢の違いに関する世界的な調査を行った人類学者のゴードン・ヒューズは、北アフリカから中東、インド、東南アジア、さらには、中央～東アジア、ミクロネシア、ポリネシアに至るまでの多くの地域では、この座り方が主流であると指摘している。

　ヒューズの研究は1950年代後半に行われたものだが、彼が発見した"座り方文化"は21世紀になった今でも多くの地域で続いている。クランツは、「ひとつ確かなことは、私たち（西洋人）が椅子に座る習慣は、遺伝的、解剖学的、あるいは生理学的な求めからではなく、社会的な求めに応じて生み出され、修正され、育まれ、改造され、民主化されたものだ」と語っている。

　言い換えれば、待合室で自分の番号が表示されるのを待つ間、椅子に座りたいと感じる欲求は、生まれつきというより習慣的なものなのだ。

私たちの体は1日中椅子の形にはめ込まれるように設計されていないので、実際、それは直しやすい習慣でもある。床に座ったり、立ったりする機会を増やしていくと、そうすることが自然に感じられるだけでなく、体が今まで強く求めていたことにも気づくだろう。

なぜ椅子に座り続けるとよくないのか？

　ここで、長時間、椅子に座っていると生理機能が衰える理由を知るために、解剖学のレッスンを少し。あまり複雑な話ではない。そして、体の仕組みについて少し知っておくと、座る時間を減らすモチベーションにつながるだろう。

　椅子に座っているとき、あなたの上半身の重さは、主に大腿骨（太ももにある骨）とハムストリングス（脚の裏側にある、膝と股関節をつなぐ大きな筋肉と結合組織）にかかっている。大腿骨は、背骨の基部にある骨盤につながっているのだが、その上部（骨頭）が小さなボールのようになっていて、股関節にはこのボールをぴったり収めることができるソケット（寛骨臼）がある。体全体の安定性はこの大腿骨（骨頭）と骨盤（寛骨臼）の関係が安定しているかどうかによって大きく左右される。そして、大腿骨と骨盤のつながりが安定していないと、腰や膝の痛みをはじめとしたさまざまな問題を引き起こしやすくなる。

　大腿骨と骨盤間の安定性（ひいては、体全体の安定性）を築く試みは、生まれた後の早い段階から始まる。実際、そのことが、赤ちゃんがあまりハイハイせずに歩き始めることが好ましくない理由の1つになる。ハイハイをすると大腿骨に体重がかかる。この負荷が、股関節を整えることになるからだ（早く歩き始めることが、他の赤ちゃんに対する優位性を示しているわけではない。また、オリンピックでの勝利につながらないこともわかっている）。大人になっても、骨盤と大腿骨がうまく連携していることが体に安定性をもたらす。しかし、体を直角にして椅子に座り、しかも、異常なほど長い時間そうしていると、大腿骨が体に対して直角になったまま固定されることになる。現代生活が強いるこの姿勢が、体の安定性を高めたり維持したりするのに適さないことは明白だ。

一方、立っているときは、背中と脚をつなぐ長い筋肉を使って、体がさまざまな方向に動かないようにしている。このとき使われているのが、「四騎士」と私たちが呼んでいる、大腰筋、腸骨筋、腰方形筋、大腿直筋だ。長時間座っていると、この「四騎士」は、あなたの体を安定させるために緊張し続けることになり、脳もそうしていろと「四騎士」に命令することに慣れていく。立ち上がったときにもその命令は完全には解除されない。そのため、縮こまった「四騎士」が背骨を引っ張り、それが不快感を引き起こす。椅子に長時間座ったあと、立ち上がろうとして背中が硬直し、痛んだことはないだろうか？　その原因がここにある。

　膝も痛むかもしれない。長時間椅子に座っていると、膝蓋骨を覆う股関節屈筋の１つである大腿直筋（「四騎士」に含まれる）が硬直しやすくなる。このことが膝の痛みにつながるのである。

　椅子に長時間座ることによるもう１つの弊害は、下半身のシステム全体を混乱させることだ。骨盤には「坐骨結節」と呼ばれる体重を支える面があるのだが、長く座っていると、この部分が圧迫されて痛くなる。

　先に説明した通り、その結果、大腿骨とハムストリングスの上に体重をかけるようになるのだが、それらを含めた周辺組織が押し潰されて血液やリンパ液などがうまく流れなくなる。筋肉、筋膜、結合組織もスムーズに動かなくなる。リンパと血流の不足によって平らになった組織は、形状記憶マットレスのようにしばらくは元に戻らない。そのことも、立ち上がった後の動きの悪さにつながっていく。

床に座ることで体が整う

　椅子に座っているか床に座っているかに関係なく、**何時間も座り続けることは、体に備わる「動く能力」を阻害する**ことになる。しかし、誰もが1日のうちのどこかで座ることになるだろう。その時間の**一部を床座りにすることで、何時間も椅子に座り続けることが引き起こす問題の多くを避けることができる**。巷には床に座って仕事することを可能にするデバイスも多く出回っているので、そういったものを利用するといいだろう。もちろん、座って立ち上がるテストで10点を取るためのトレーニングにもなる。

　床に座るといっても、単にあぐらをかいて座ることだけを指してはいない。さまざまな姿勢で座ったほうがいい。例えば、ひざまずく。または、しゃがむ。これらはすべて、背骨にかかる力を軽減させ、十分な呼吸ができるように体を整えてくれる姿勢になる。

　それでも主な座り方はあぐらになるだろう。脚を外側に開くと、股関節にある関節包内で大腿骨が大きく動き——股関節をエンドレンジまで外旋させることができる——座るうえで、とても安定した土台になる。座ったときの上半身のバランスをピンの上で取るか、120×120センチの板の上で取るかの違いのようなものだ。ピンより板の上のほうが安定するのは明らかだ。これが、あぐらをかいて座ることが瞑想に適している理由だ。

　長く座る必要がある場合、あぐらがそのよい方法になる。椅子に座ることで弱まった大腿骨と骨盤の関係をリセットすることもできる。

　床に座ることのもう1つの意味。それは、座ったら立ち上がらなければならなくなることだ。幼児が1時間に17回も床から立ち上がることを覚えているだろうか？　そこまで頻繁でなくても、1日に1～2回、床から立ち上がるだけでいいだろう。

心がけたい動きと習慣

座る姿勢を変える、
「座る力」を伸ばすモビライゼーション

モビライゼーションをやることも、座って立ち上がる技術を上達させる助けになる。床座りもモビライゼーションも、股関節の前方への動きである股関節屈曲に取り組むものであり、この動きにおける可動性を向上させる。バイタルサイン3では、その反対である股関節伸展の改善を目指すが、屈曲と伸展の2動作を毎日行えば、最良の結果を得ることができる。

現代人が床座りする頻度はどれほど低いか？　それは、オリンピック・クラブで話を聞いていた人たち——かなり運動能力の高いグループだ——が、足を組んだり、正座したり、横座りできないために、寝転ばなければならなかった結果にも示されている。基本的な体の整え方であるにもかかわらず、ほとんどの大人は床の上に座ることが苦手になっている現実がある。

「心がけたい動きと習慣」は、単に座ったり立ったりする能力を向上させるだけではなく、体の安定性を高め、長く座ることによる筋肉やその他の組織にかかる圧を減らすことにもつながる。床座りが習慣になれば、体が楽になり、痛むことが少なくなり、子供のように気分良く座っていられるようになるだろう。

座る姿勢を変えてみる

ここでやってもらうのは、床に座り、その姿勢を変えることだ。ソファや壁に軽く寄りかかって体を支えてもよく（理想は、そういったものを使わないことだが）、一定の姿勢でいる必要もない。先ほど、あぐらをかくと大腿骨が大きく動いて可動域を広げるという話をしたが、90／90座り（44ページ）で座ると股関節が2つの異なる方向に動いて、可動域を広げる別の姿勢になる。長座位（44ページ）で座ると、体全

体を動かすときのエンジンである後部チェーン——ハムストリングス、大臀筋、ふくらはぎ——が活性化する。

　床に座り、座っている間は、体をモジモジさせて姿勢を変えてほしい。そうすることが、腰をさまざまなエンドレンジまで回転させ、組織にかかっている圧を取り除き、コリや痛みから遠ざける機会になるからだ。実際、床に座っていると、意識しなくても、脳が体をモジモジさせるよう指示を始める。脳の指示に従う。それがすべきことだ。

　ここでのゴールは、毎日、少なくとも30分間、床に座っていられるようになることだ。今できるところから始めて、30分間を目指す。必要に応じて、ソファや壁などを支えにする。まずは、以下で説明する"姿勢1"を5分間続けることから始める。あと5分間座っていられるようなら、"姿勢2"を加える。"姿勢3"と"姿勢4"も加えていき、座っている時間を増やしていく。すべての姿勢に慣れたら、4つの姿勢を適度なところで変えながら、快適な限り座り続ける。テレビを観ながら過ごすなど、床に座る30分間は何をやってもいい。

姿勢1　あぐら座り

　お尻を床につけた状態で、両脚を曲げ、片方の脚をもう片方の脚の上に交差させる。両かかとを脚の下に引き寄せる。背筋を伸ばすか、胴部を少しだけ前に倒す。左右どちらの脚も前に来るように、時々、脚を入れ替える。

あぐらをかいて座ると、股関節と腰の機能の回復と維持につながる

姿勢2　90／90座り

　お尻を床につけて座り、片脚を90度の角度にして前に出す（太ももが股関節からまっすぐ伸びる）。前に出した脚のお尻部分に少し体重を乗せる。もう片方の脚を90度に曲げ、こちらの足先が体の後ろに来るようにする。この姿勢で5分（または無理のない時間）座って、左右を入れ替える。

可動力そのものと可動方向の
選択肢が広がる座り方になる

姿勢3　長座位

　お尻を床につけ、両脚をまっすぐ前に伸ばして座る。背筋を伸ばすか、胴部を少し前傾させる。

ハムストリングスとふくらはぎの
組織の柔軟性を保つ座り方になる

姿勢4　片脚立て座り

　お尻を床につけ、体の前に両脚をまっすぐ伸ばして座る。片脚を曲げ、そちら側の足裏を平らにして地につける。体を安定させるために、曲げた脚の周りで手を組む。この姿勢を5分間（または無理のない長さ）続ける。左右を入れ替える。

想像力を働かせて、快適に座る方法を編み出そう

「座る力」を伸ばすモビライゼーション

　以下のモビライゼーションは、座ったり立ったりする能力を高めるものだ。長く座っていられるようになるので、床に座ることが苦にならなくなるし、簡単に立ち上がれるようにもなる。シーテッド・ハムストリング・モビライゼーションは、セルフマッサージのように感じられるが、実際には、脚の裏側の組織を緩めて、脚がスムーズに動くようにするものだ。その他のモビライゼーションは、座ったり立ったりするときの体の動きをコントロールする方法を脳に学ばせるものになる。総合的に取り組むと、座って立ち上がるテストで10点を取るのに役立つ。

　モビリティを高めるために大げさな介入は必要ない。忘れていた自然

な動きを、再び取り入れていくだけだ。全部で4つのモビライゼーションがある。理想的なのは、2〜3日おきに4つのうちの2つを行うことだ。どの2つを選ぶかは自由だが、2つずつに分けて交互に行えば、最良の結果が得られる。ちょっとした道具が必要になる。

- ボール（ラクロスボール、テニスボール、その他同じような大きさのボール）
- ストラップ状のもの（ストラップ、フレキシブルベルト、ロープ、エクササイズバンドなど）

1　シーテッド・ハムストリング・モビライゼーション

　座りすぎて機能が低下した筋肉の表面やその他の組織を回復させるのに役立つ動きだ。

　片方の脚を体の前に伸ばせて、もう一方の脚を座面の横に出せる硬い椅子やベンチ、テーブルを使う。その上に座る。最初に伸ばす側のお尻のすぐ下にボールかローラーを置いて、その脚を伸ばして曲げる。ノコギリを引くような動作で同じ部分をボールやローラーの上で左右に移動させる。その際、筋肉を収縮させて膝を伸ばし、筋肉を弛緩させて膝を曲げるようにする。股関節から膝に向かってボールやローラーを脚の下で少しずつ移動させて同じ動作を繰り返す。片脚につき、この動作を2分間ほど、長くやるなら5分間ほど続ける。

ちょっとした時間を見つけて、軟部組織を動かすことができる

2　ハムストリング・ロックアウト

　この姿勢で脚の筋肉を収縮・弛緩させれば、ハムストリングスの硬直に対抗するように働く大腿四頭筋（太ももの前の大きな筋肉）を伸ばすことができる。このモビライゼーションは、エンドレンジで2分間（片側ずつ）維持するための方法にもなる。ストラップやバンドがなければ、ベルトやロープを使う。

　床に横になり、ストラップやバンドを脇に置く。片脚を床に対して90度に近い角度で上げ、上げた足の土踏まずにストラップを巻きつける。脚ができるだけまっすぐになるよう太ももを締め（収縮させる）、その足を頭のほうに引き寄せる。無理強いしないようにする。緊張を感じればそれでいい。太ももを緩めた後、再び締めて足を頭のほうに引き寄せる。2分間、できれば4〜5分間、締めたり緩めたりを繰り返す。左右を入れ替える。力を緩めるときには、ハムストリングスの緊張を保つようにする。

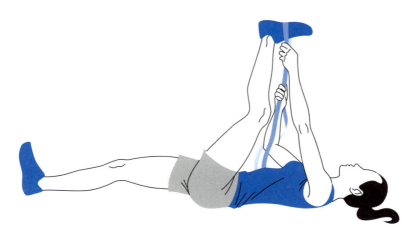

このロックアウトは、プロのアスリートだけでなく子供もやったほうがいい

3　ヒップ・オープナー

　股関節の屈曲と伸展に留まらず、股関節の全体的な機能を改善するためのモビライゼーションになる。股関節の隅々まで働きかける。

　床にしゃがんで、左脚を後ろに伸ばし、右脚を前に出して膝を曲げ、すねを垂直にし、足裏を平らにして床につける。ここで大きく息を吸う。**左足のつま先から視線の先まで線が一直線に伸びているとイメージし、その線に沿って右足を前進させ、元の位置に戻す。**

　右足を横へ少し移動させながら、同じ動きを繰り返していく。左足のつま先を起点にして、体を1回転させる。これらの動きを使って、制限を感じる領域を見つけ、その領域を少し長く刺激する。左右を入れ替える前に、2〜3分、取り止めもなくこの動きを行う。必要なだけ休憩を取る。

広範囲の股関節の動きに取り組むことができる

4　エレベーティッド・ピジョン

　あぐらをかいて座るときと同じ股関節の動きをより誇張する姿勢を取る。ヨガで使われる鳩のポーズに似ているが、もっと簡単にできるものだ。

　右足をベンチ（またはテーブル）の上の左側につき、ベンチ上でふくらはぎが体に対して直角になるように膝を横に倒す。左脚は後ろに伸ばす。左手を右足首の上に置いて、足をベンチに「留め」、右手を右膝に

置いて安定させる。腕を固定し、肩を後ろに引く。左側に向かって体をひねり、次に右側に向かって回転する。この2つの動きを交互に繰り返し、片側につき2分間から5分間続ける。左右を入れ替える。不快だったら、上にのせている脚の膝下に枕を置いたり、テーブルの端から足部分を落としたりすると快適に行える。

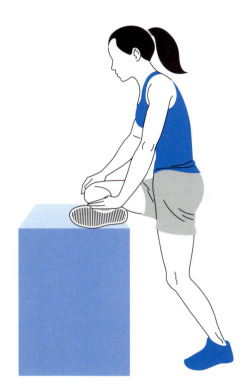

伝統的な運動の定番ポーズになっているのには理由がある

ヨガやピラティスをやれば十分ではないだろうか？

答えは「ノー」だ。

ヨガ、ピラティス、太極拳、気功は、どれもすばらしいメソッドだが、それらは一連の動作に習熟する方法であって、可動域を蘇らせるためにつくられたメソッドではない。

もっとも、こういったメソッドに可動域を改善する要素が含まれているのは確かだ。ヨガを開発したインド人たちは、足を組んで座るポーズを開発したときに、このポーズを取れば、股関節がエンドレンジまで広がることを知っていたはずだ。ヨガや太極拳、気功では、バランスを取る力や鼻呼吸するといった可動性を改善する要素も含まれている。また、裸足で行うので、足裏から脳に向かっての感覚入力が豊富になり、自分の姿勢を認識して、それに応じて体の残りの部分を使う技術を向上させることができる。

あなたがヨガやピラティス、太極拳や気功の愛好家であれば、間違いなくそこから何かを得ている。しかし、モビリティ能力のために特化したシステムではないため、モビリティ能力を向上させるという意味ではあくまで課外授業になる。そして、体を動かしていなかった1日の埋め合わせになるものでもない。

ここでの要点は、私たちがランニング選手や自転車競技の選手、重量挙げ選手に伝えていることと同じだ。選んだ種目でより上達するために、また、その種目でカバーできない動作を補うためにはモビライゼーションが必要になるということだ。

バイタルサイン

1

バイタルサイン **2**

広く深い呼吸をしているか？

自分の体を評価してみよう
☐ 息止めテスト

心がけたい動きと習慣
☐ 呼吸エクササイズとモビライゼーション

　世界各地にはさまざまな呼吸法が存在する。5世紀に書かれた教典を学ぶヨギーも、平原に住むネイティブ・アメリカンも、ブレスワークのパイオニアであるスタニスラフ・グロフ博士の信奉者も、意識的に呼吸をすることで、健康とか心理的な安らぎ、精神的な充足感を得てきた。今また呼吸法に注目が集まっている。呼吸をテーマにした本が大量に出版され、呼吸法クラスや呼吸法アプリを目にするようになり、合図に合わせて息を吸ったり吐いたりできる時計まで登場している。

　私もジュリエットもそれらすべてに強い関心を持っている。呼吸が心臓を鼓動させ続けるためだけでなく、血圧や免疫力、不安レベルに至るまで、あらゆるものをコントロールするツールになり得るという考え方に賛同しているからだ。呼吸は体の仕組みと密接に関係している。**"好ましい呼吸"には、より効率的に体が動くようにし、ケガを防ぎ、筋骨格系の痛みを軽減させる働きがある。**実際、慢性的な背中や首の痛みを

訴える人たちが私たちを訪ねてきたとき、私たちは、その人がどんな呼吸をしているかに注目する。

では、"好ましい呼吸"とはどんなものか？　私たちが定義する"好ましい呼吸"は3つの要素から成り立っている。

1番目は、「**広々とした呼吸**」だ。空気をより多く取り込むために、腹部、肋骨、胸部は、呼吸に合わせて動くようにつくられている。広々とした呼吸は、息を吸い込むときに胴部が大きく広がってそこが満たされるような呼吸を指す。その結果、酸素摂取量が最大化する。

また、広々とした呼吸は、細胞が産み出す老廃物を排出する体液の動きを盛んにする。背骨を安定させる加圧室をつくってくれるので、腰痛になりにくくなる。呼吸は横隔膜（胸部と腹部を隔てる湾曲した筋肉）が動くことから始まるのだが、この大きな筋肉を動かすと近くの臓器がマッサージされ、消化の助けにもなる。横隔膜を十分に動かす呼吸が「横隔膜呼吸」（「腹式呼吸」とも言う）であり、最初に"意識的"に行ってほしいのがこの広々とした呼吸だ。

2番目は、**口ではなく鼻から、できるだけゆっくりと呼吸する**ことだ。可能であれば、激しい活動をしているときもこの呼吸をしてほしい。雑菌をろ過したり、酸素をより多く取り込めたりすることから、鼻が呼吸の主たる入り口としてつくられていることは明らかだ。口は予備の換気システムだ。それは襲ってくる猛犬から逃げるときや、風邪をひいて鼻が詰まっているときのものであり、仕事をしているときや寝ているときのためのものではない。鼻呼吸をすれば、よく眠れるようになり、息切れせずに階段を上れるようになり、よりハードかつ長時間の運動ができるようになる。

そして、**二酸化炭素耐性を最大化するための呼吸**が"好ましい呼吸"の3番目にくる。私たちは、息を吸うことで細胞がエネルギーを生成す

るときに必要な酸素を取り込み、息を吐くことで、細胞がエネルギーをつくった後に生み出される二酸化炭素を排出している。そのため、酸素は善、二酸化炭素は悪だと教えられてきた。しかし、それは完全な真実ではない。もちろん二酸化炭素は排出されなければならないが、酸素を運んでいるヘモグロビンの働きを促すには二酸化炭素が欠かせないからだ。つまり、**二酸化炭素に対する耐性が高いほど（息を長くゆっくり吐ければ吐けるほど）、取り込んだ酸素をより多く利用できるようになる。その結果、より多くのエネルギーをつくり出せるようになるのだ。**

　"好ましい呼吸"は、他の9つのバイタルサインのほとんどすべてと密接に関係している。"好ましい呼吸"は睡眠の質を向上させる（バイタルサイン10）。また、ウォーキング（バイタルサイン4）をより効果的なものにする。痛み（特に首の痛み——バイタルサイン5）を改善するのに役立つ。各章にあるモビライゼーションにエネルギーを注入するものにもなる。

　息を吸う技術と吐く技術を再訓練すれば、人生の多くの面を改善できることを科学と先駆者たちが教えてくれている。健康な肺機能を持つ人は長生きするという研究結果もある。ここから呼吸について詳しく説明していくが、まずは、あなたが二酸化炭素をどの程度コントロールできているか確認してみよう。

　⬭ **自分の体を評価してみよう**

息止めテスト

　自分がどんな呼吸をしているか、普段、意識することはあまりないだろう。しかし、改めてそこに注意を向けると、どの程度良好な呼吸をしているかを知ることができる。胴部まで息をしっかり吸い込む広々とした呼吸をしているだろうか？　それとも、胸と首を使った浅い呼吸をしているだろうか？　鼻から空気を吸い込んでいるか、それとも口から吸い込んでいるか。その答えは呼吸に注意を向けるだけですぐにわかる。

　ところが、あなたの二酸化炭素耐性は簡単には評価できない。そこで、

こんなテストを用意した。エリートアスリートを含む世界中の人に呼吸法を指導しているアイルランド人のパトリック・マキューンが考え出した、息止めテストあるいはBOLT（Body Oxygen Level Test：体内酸素濃度テスト）と呼ばれるテストだ。

このテストでは、空気を吸い込まずにいられなくなくなるまで息を止める。研究室における実験のように正確な数値は得られないが、二酸化炭素濃度にどれだけ耐えられるか知ることができ、どの程度改善したらいいかを知ることができる。スコアが低い場合は、普段の生活で感じるさまざまな問題が、実は呼吸に由来している可能性がある。例えば、BOLTスコアが低い人は、いびきをかく傾向があり、階段を速く上がるだけでも息が切れやすい。

準 備

ウォーキングから帰ってきたり筋トレをやったりした直後ではなく、体を動かさずにいるときに行う。つまり、空気を規則正しく吸ったり吐いたりできるときだ。秒針がある時計を用意する。ストップウォッチでもいいが、その場合は、テスト前にスタートさせておく。そうすれば、開始秒数を覚えるだけでよくなる。息を吐き切って肺を空っぽにしてから息を止める。その瞬間がスタートだ。

テスト

静かに座るか立つかして、鼻から普段通り息を吸い込む。鼻から息を吐いていき、吐き切ったら鼻をつまむ。そこから、体が少しピクピクし始め、もう呼吸しなければダメだと感じるまで息を止める。鼻をつまんでから、指を離すまで何秒経ったかを記録する。

結果が意味するもの

息を止めていた秒数がスコアになる。

- **10秒未満**——普通の人よりも二酸化炭素耐性がかなり低い。努力する必要がある。
- **10〜20秒**——訓練のスタート地点という意味では合格だ。不快感に対処する能力を高める必要がある。
- **20〜30秒**——正常と考えられる秒数に近い。
- **30〜40秒**——最終的には全員がこの範囲内に収まるはずであり、これが正常とみなされる。

「結果が悪い」と不安にならなくてもいい。呼吸はいつでも練習できるので比較的早く改善するからだ。繰り返し述べているように、最初の結果は、今後の自分の上達度を測るための指標にすぎない。

いつ再テストすべきか？

「心がけたい動きと習慣」を1週間やってから、再度、BOLTテストを行う。さらに1週間後にもう一度テストする。その後は、改善したかどうかを確認するために、必要に応じてテストする。

より良い呼吸へのロードマップ

呼吸について考える。それは、自分の人生をどんな状態で過ごしていくかを考えることと同じだ。呼吸＝生命だからだ。呼吸が生き続けるためだけでなく、人生を最大限に生きることを可能にするとしたらどうだろう？　呼吸習慣を改善するとそれが可能になる。なぜこれほど大胆な主張ができるのか？　あなたが肺いっぱいに空気を吸い込むたびに、あなたの体内で何が起こっているのかを知るとそれが理解できる。

息をする衝動は脳で始まり、その脳が横隔膜をはじめとする呼吸筋に収縮するようシグナルを送る。この収縮によって肺が引っ張られて圧が生じて空気が吸い込まれる。その空気が喉と気管を通って気管支、肺へと流れていく。そして、最終的に肺葉に流れ出ていく。

肺葉の奥には、"肺胞"と呼ばれる半球状の小さな嚢（袋状の空洞）がある。肺胞をすり抜けて毛細血管に入った酸素（O_2）は、そこで赤血球と合流する。酸素は赤血球に含まれるヘモグロビンの背中に飛び乗り、心臓の鼓動に押されて、筋肉や臓器にある細胞へと運ばれていく。そして、細胞内の小さな工場（「ミトコンドリア」と呼ばれる）に取り込まれ、ATP というエネルギーの生成に使われる。あらゆる身体機能や動くときの原動力となるのがこの ATP だ。これが不足すると、文字通り、私たちの体は動かなくなる。

　ATP をつくり出すときの副産物が二酸化炭素（CO_2）であり、最終的に、息を吐くことで体外に排出されている。二酸化炭素が多くなりすぎると害になるため、もちろん、取り除かなければならない。ところが、二酸化炭素にも重要な役割があることが 1904 年に明らかになった。二酸化炭素が血液を酸性に変えること、そのことが、ヘモグロビンが肺から受け取った酸素の解離を促すことをデンマークの科学者クリスチャン・ボーアが発見したのだ。

　つまり、**二酸化炭素は単なる老廃物ではない**。体内でより多くの酸素を利用できるようにする媒介でもある。そのため、急な坂道を駆け上がったりするといった追加の酸素が必要なときは、運動によって発生する熱を使って追加の二酸化炭素を生成し、奮闘している筋肉により多くの酸素を供給する仕組みになっている。

　効率的に空気を取り込む能力がほとんどの人に備わっている。だから、酸素のほうは問題にはならない。こちらは、いわば満タン状態にある。そして、体が更なるエネルギーを要求するとき、その要求に応えられるかどうかは、二酸化炭素を長く保持する能力があるかどうかによって左右される。

　ボーアによるこの発見は、二酸化炭素耐性を高めるトレーニングにつながっていった。**体内に二酸化炭素を長く留めておくことができればできるほど、より多くの酸素を利用できるようになる**。より多くの酸素を

利用できればできるほど、やりたいことに利用できるエネルギーが増えるからだ。

パニック発作を起こした人が過呼吸（呼吸が速くなり、体内に酸素が満ち溢れているが、酸素欠乏は満たされていないように見える）になったときは紙袋が渡されることが多い。それは、紙袋の中に吐き出した息を吸いなおすと、二酸化炭素が体内に戻されて酸素と二酸化炭素のバランスが再調整されるからだ。

体の安定性とエネルギーをもたらす呼吸

バーベルを頭上に持ち上げる重量挙げ競技を間近で見ると、鉄の塊を空中に持ち上げる筋力がどれほどすごいものかに衝撃を受ける。しかし、筋力以外にも必要なものがある。優れた呼吸法だ。私たちが一緒に仕事をしてきたオリンピック選手の1人、ウェス・キッツはそのことに苦労して気づいた。ある年のパンアメリカン競技大会への出場中、ウェスは、気を失ってしまった。しかし、3年後に復帰し、2021年の東京オリンピックでスナッチ（1回の連続した動作でバーベルを挙げる）のアメリカ新記録を樹立することができた。彼の成功の鍵の1つは、呼吸を使って体幹を硬くし、同時に、働いている筋肉に酸素を送り届ける技術を学んだことにあった。

もちろん、ウェスは平凡な男ではない。しかし、彼がこなしたこと、つまり**負荷を扱いながら呼吸する技術は、オリンピックに限らず、大量の薪を家に運び入れるときにも役立つものになる。**

ウェスが学んだ仕組みを説明しよう。首と胸に空気を送る浅い呼吸ではなく、肋骨、胸、腹を広げて体幹全体を空気で満たす横隔膜呼吸は、背骨の周りに硬さを生み出す。つまり、体をひねったり、曲げたり、ケガにつながるような姿勢になることなく、バーベルを挙げられるようになる。激しい活動をするとき、ほとんどの人は息を止める。それは、吸

い込んだ空気が安定性をもたらすことを直感的に知っているからだろう。例えば、両腕を頭上に上げて片足で立つバランステストを行うと、100パーセントの人が息を止めてそれを行っている。

　4歳の子供を抱きかかえるよう手渡され、その子を体の前に差し出すよう言われたとする。あなたは、おそらく、その子を手にしたまま大きく息を吸い込み、体幹内に大きくて硬いエアバッグをつくる。その子の体重から脊椎を保護するためだ。

　必要なときにエアバッグ＝腹腔内圧（お腹の中の空気圧）があることは、安全対策が取られている目安になる。しかし、止めた呼吸は再開しなければならないので、エアバッグをつくるために何度も息を止め直すことになる。ついには脳が「そんな呼吸をしていたら、体幹の安定性を保てないし、今やっている作業に必要な酸素が得られない」と判断し、子供を地に降ろすことになる。子供を抱き続ける力がないわけではない。脳による呼吸機能を保護しようとする働きはとても強い。呼吸を優先するために抱き続ける力のほうを抑制するのだ。

　呼吸できるのであれば、私たちは、筋力をいかんなく発揮できる。しかし、このケースのように、背骨を保護するために呼吸を止めると筋力は二の次になる。このとき、使えるのが、**息を止め続ける能力**だ。息を止める練習は「低酸素トレーニング」と呼ばれ、このトレーニングによって二酸化炭素耐性を高めることができる。

レアードとギャビーの呼吸の冒険

　ダンベルを片手に持ってプールの中を泳ぐ。両手にダンベルを持って、プールの底から何度もジャンプする。それぞれ 1 回の呼吸だけで行うエクササイズだ。誰にでもできることではないが、息を止めることと動きを組み合わせたこれらのテストは、フィットネス界に一石を投じることになった。

「XPT」は、ガブリエル（・ギャビー）・リースとレアード・ハミルトン夫妻が共同で考案した呼吸と動きを融合させたワークアウトだ。その一部であるプールでのエクササイズは、水中という体の動きが制限される環境を利用して、高レベルの二酸化炭素耐性を獲得するものだ。呼吸を制限するこの種の運動中、体内には十分な酸素がある。人々を空気へと駆り立てるのは、体内の二酸化炭素濃度に耐えられなくなるからだ。「ほとんどの人は、酸素がなくなったから、水から顔を出して呼吸したくなると考えます。しかし、実際はそうではありません」とギャビーは言う。「呼吸しないで水中で 1 回ジャンプできるか、それとも 4 回ジャンプできるか。違いは、二酸化炭素による不快感とどう調和するかを学ぶことにあります」。

「動的無呼吸トレーニング」と呼ばれているこの種のワークアウトは、歩きながらでも試すことができる。短い目的地（一番近い角のような）を設定し、大きく息を吸う。そこで息を止め、息を止めたまま歩いていき、息を吸わなければならないと感じたら止まって呼吸する。目的地に達するまで、息を止める、吐き出して吸う、を繰り返す。何回呼吸しただろうか？　息を止めて再び歩き出せるまでに、どれくらい時間がかかっただろうか？　血流中にある酸素をより効果的に利用できる体になればなるほど、目的地により速く到達できるようになる。これはアスリートが競争相手より優位に立つための原理である。「動的無呼吸トレーニング」が一流選手たちに人気がある理由がおわかり

いただけるだろう。

　ギャビーは、このトレーニングがもたらすメリットはスポーツパフォーマンスをはるかに超えるものだと考えている。「動的無呼吸トレーニングの効果は、家族関係や仕事上のストレス・マネジメントに広がっていきます。私は、呼吸トレーニングが好きです。無料だし、どこでもできるからです。私たちが持っている最も強力なツールの1つだと思います」とギャビーは話す。

良い姿勢が良い呼吸をつくる

　理学療法士であるグレイ・クックは、「うまく呼吸できないなら、その姿勢は間違っている」という言葉を残している。この名言は、ジムの外でも当てはまる。あなたにも、頭上の荷物入れに荷物を載せるような負担がかかる姿勢をとることがあるだろう。そんなときは、横隔膜呼吸を心がけることで、安全を確保できるだけでなく必要なエネルギーを得ることができる。

　良い姿勢と良い呼吸は切り離すことができない。何か行うときは、可能な限り、呼吸機能の完全性を確保できる姿勢を取るようにしたい。効果的な呼吸を可能にする姿勢が、より優れていて、より機能的な姿勢になる。実際、体幹全体に息を吸い込むことができないなら、それは体が適切に"組織化"されていないことを示している。

"組織化"は、体を整えようとするときに私たちがよく使う言葉だ。例えば、股関節をわずかに突き出して肩を後ろに引いて立つと、筋肉、骨、関節が"組織化"される。胴部を少しだけ前に傾けて座る場合もそうだ。どのように体が"組織化"されるかは、そのとき取っている姿勢で決まる。目指すのは、十分に呼吸ができるよう体各部を"組織化"することだ。実際、呼吸はそのときの姿勢の有効性を知る手がかりとなる。時として、私たちは、効率的で機能的な動きを制限するような姿勢で、立ったり座ったり動いたりしていることに気づかずにいる。何を言いたいか実感してもらうために、次のことを試してほしい。

「そんな姿勢じゃダメ」と母親がいつも言っていたように、背中を丸め、肩を落として椅子に座る。この前かがみの姿勢から、肩を少し胸のほうに巻き込み、この姿勢で深呼吸する。

　次に、体を楽にして、まっすぐに整え、大きく息を吸えるような姿勢に変える。もう一度、深呼吸する。違いがわかるだろうか？　最初の呼

吸は窮屈なもので、2番目の呼吸は、全身に空気を送り込んでいるような感覚を覚えただろう。

うつむき姿勢や猫背は外見上の罪になると考えられてきたが、それ以上に体に対する罪になる。ある姿勢で十分に息を吸うことができない場合、体内に空気を効率的に出入りさせることができなくなる。それは、体に備わっている優れた生理機能を十分に活用できない姿勢や動きのパターンを練習していることと同じだ。

さらに、この制約された姿勢は、首と胸だけの呼吸を習慣化させる可能性が高い。まるでストローを使って呼吸しているようなもので、歯ぎしりや頭痛を引き起こしやすくなる。首やその他の部位の痛みの原因となる可能性もある。

姿勢を気にするよりも、「今の姿勢でうまく呼吸できているか？」と自問することのほうが大切だ。答えがイエスなら、好ましい姿勢になっている。呼吸器を本来の使用目的どおりに使っているし、必要とする空気を取り込んでいるし、過度の負担が体にかかることもない。

呼吸をチェックすることは、日常のさまざまな場面に適用できる戦略だ。コンピュータに向かっているときも、ワークアウト中も、ぐずった子供や抵抗するペットを抱き上げるときもそうだ。**効果的に呼吸し、脊椎を支える加圧室をしっかりさせればさせるほど、全身の機能を高めることができる。**

なぜ鼻呼吸がいいのか

鼻腔を通してゆっくり呼吸すると、多くの健康上の利点が得られるという十分な裏付けがある。大衆文化やスポーツの中にも、「ゆっくりと鼻呼吸する」例を見つけることができる。

あなたが『スター・ウォーズ』ファンなら、エピソード9「スカイウォーカー」のレイ（デイジー・リドリー）とカイロ・レン（アダム・ド

ライバー）の砂漠での戦いをもう一度観てほしい。シーンの冒頭のレイは激しく口呼吸している。しかし、そのあと口を閉じて、鼻を通しての深呼吸を数回行い、ライトセーバーを抜く。そして、高速で接近してきたフライングビークルの上で息を呑むようなフリップを披露するのだ。すべての動きが、鼻を通じた呼吸でコントロールされている。

　これはもちろんフィクションだが、リドリーは、俳優として象徴的な意味でこの呼吸を使っているのだろう。現実世界では、総合格闘技家のコナー・マクレガーが、ボクサーのフロイド・メイウェザーと対戦したときにそれが起こった。試合中、両者とも口を閉じていたが、マクレガーが呼吸を整えるために口を開け、結局、そのラウンドで負けることになる。エリウド・キプチョゲがマラソンで初めて2時間を切ったとき、ゴール地点で鼻呼吸をしていたことにも注目が集まった。偶然？　偶然ではないと考える理由がたくさんある。

　まず、なぜ鼻呼吸する必要があるかについて話そう。ヒトが主に鼻で呼吸するように設計されているのは明らかだ。ゴミや感染性の微生物をろ過し、体内を加湿し、気管支を通過しやすくするために空気を温めるという点で鼻呼吸は口呼吸に勝っている。ところが、ジェームズ・ネスターが著書『BREATH　呼吸の科学』（早川書房）で述べているように、進化の過程で私たちの口と副鼻腔は縮小し、鼻呼吸がしにくくなってしまった（そして歯が混み合った。古代人の頭蓋骨を見ると、歯科矯正の必要がなかったことがわかる）。この変化はほぼすべての人に当てはまるのだが、それ以外にもアレルギーとか構造的な要因によって、どうしようもなく口呼吸になってしまう人もいる。

　口呼吸は、不眠症、睡眠時無呼吸症候群、いびき、アレルギー、鼻詰まり、ガス、（食べ物を頬張りながら空気を吸うことによる）腹部膨満感、血圧の上昇、さらには歯の健康状態の悪化など、多くの病気と関連している。口呼吸する人は歯垢が多く、虫歯の原因になるバクテリアの種類も多い。口呼吸は筋骨格系の問題を引き起こしやすくする。口呼

する人は頭を前に突き出す傾向があり、背骨にかかる重みが増しやすい。

　また、顎や首回りが硬くなりやすいが、これは、肺を膨らませるためのメインエンジンである横隔膜ではなく、胸上部と首の筋肉組織を使うことになるからだ。この**浅い呼吸はストレスにつながりやすい**。短く、そのために頻繁になる口呼吸は、交感神経系を刺激する。交感神経系は、体を闘争または逃走モードにするストレス反応ネットワークだ。首にある「ターボチャージャー」呼吸筋を使うことで、心拍数や血圧を上昇させて覚醒状態をつくり出す。闘争／逃走モードは、短い時間内に爆発的に体を機能させるように設計されている。しかし、口呼吸が常態化すると、脳は、このターボチャージャーを一日中使って体を動かすようになる。それは、余分なエネルギーを常に消費する非効率的な習慣になる。

　もちろん、口呼吸しなければならない時もある。坂道を登ったり、バスをつかまえようとして走ったりするときは、酸素の必要量を満たすために口呼吸が必要になる。口呼吸せずに泳ぐのは不可能に近い。しかし、筋肉に極度の負荷がかかっているときでも鼻呼吸できるよう訓練しているアスリートもいる。コロラド州立大学の研究によると、6カ月間鼻呼吸をしながらトレーニングに励んだランナーは、有酸素運動の効果を維持しながら、ランニング中のエネルギーを温存できるようになるという。最大心拍数の90パーセント前後の心拍数でトレーニングできるようになったアスリートもいる！

　口呼吸している人は、より良い毎日にするために鼻呼吸を学ぶ価値がある。見返りは顕著だ。口呼吸がもたらすほとんどすべての悪影響を逆転させることがわかっているからだ。**睡眠時無呼吸症候群やいびきを治し、鼻詰まりやアレルギーによって起こる呼吸問題を和らげ、血圧を改善する。**

　血液とのかかわりではいくつかのことが起こっている。鼻から息を吸い込むと、一酸化窒素（NO）が鼻腔内に放出される。このガスには血管拡張作用がある。そのため、血管が広がって、より多く（18パーセ

ントもの）の酸素が細胞へと流れるようになるのだ。一酸化窒素は肺活量も増やしてくれるが、これは些細なことではない。1948年に始まった心血管危険因子の長期調査（フラミンガム心臓研究）によると、肺が大きく効率的であればあるほど、長寿につながる可能性が高くなるという。

　鼻呼吸のもう1つの利点は、先ほどお話しした、広々とした体全体を満たす呼吸がしやすくなることだ。こういった呼吸は肺の底部まで到達し、副交感神経系のスイッチをオンにする。副交感神経系は私たちの「休息と消化」の制御センターであり、言い換えれば、心を落ち着かせ、組織に栄養を与える仕事に取り組む状態に体を導く。

　とはいえ、いつも副交感神経が優位な至福の状態で暮らしたいというわけではないだろう。外界の変化に合わせて、アクセルを踏んでスピードを上げたり、必要に応じてブレーキを踏んだりするのが人生だ。しかし、**いつも口呼吸していると、体に備わるメカニズムの多くがアクセルを踏んだままの状態になり、ブレーキが利かなくなっていく。**

　鼻呼吸する、肺を広げる呼吸をする、それをゆっくり行う。それが三拍子そろった呼吸だ。**吸うときも吐くときもゆっくりとした呼吸にすると、二酸化炭素耐性が向上し、脳への血流が増加する。**ネスター氏の言葉を借りれば、吸い込む空気から肺がより多くの酸素を「吸収する」のを助けてくれる。多くの要素があって複雑に聞こえるかもしれないが、この章にある「心がけたい動きと習慣」を試してみれば、鼻呼吸がもたらす利点と実感できるだろう。

良い呼吸は痛みを吹き飛ばす

　肉体的な痛みは、独立して起こる、ある種の暴力のように感じるが、実際には、「何かが間違っている」ことを知らせるために神経系を伝って脳に届いている信号だ。その信号がどのように解釈されるか、あるいはどのように認識されるかは、状況によって大きく変わる可能性がある。

　例えば、大ケガをしても痛みを感じなかったポール・テンプラーの例を考えてみよう。観光地として有名なビクトリアの滝に近いザンベジ川での出来事である。そこのリバーガイドだったテンプラーの仕事は、ボートに観光客を乗せて、カバやワニ、ケープバッファローが生息するザンベジ川を案内することだった。仕事場にしていた流域はカヌーツアーがいつも行われている比較的安全な場所だと目されていた。

　しかし、悲劇がテンプラーを襲う。2トンもある雄カバがカヌー1艇を空中に持ち上げ、テンプラーの同僚を水中に投げ捨てたのだ。同僚を助けようとしたテンプラーは、気がつくと雄カバの口の中にいた。テンプラーをほとんど飲み込んだカバは、彼の体を縫いぐるみ人形のように揺さぶり、空中に放り投げては捕まえ、ナイフのような牙で噛んだ。救出されるまでに、テンプラーは40カ所に及ぶ傷——肺が見えるほどの傷、その後、手術台の上で失うことになる腕の傷など——を負っていた。ところが、応急処置を施されたテンプラーはあろうことか顧客の安全を確認し始めた。義務感は感じていたが、痛みは感じなかったという（もちろん、後でひどい痛みに襲われることになるが）。

　このことは、テンプラーが経験していた異常事態を、脳が理解するのを中断したり、認識で変えたりすることができる可能性を示している。「何かが間違っている」という信号が伝わってきても、常に不快感を抱く必然性はない。テンプラーがどうやって痛みを回避したのかの詳細はわからない。しかし、呼吸がこういった緊急事態において簡

単に利用できる脱感作ツール（感覚を鈍らせるツール）になることは広く知られているので、それを使っていたのかもしれない。もちろん、このツールは、凶暴なカバに噛まれたときだけでなく、しつこい腰痛を抱えているときにも使うことができる。

1950年代から続くラマーズ法の主要技術としても深呼吸が使われている。出産の痛みに耐えられるように深呼吸するのだ。つまり、痛みを呼吸によって緩和させるという対処法は新しいものではない。そして、間違いなくラマーズ法ができるよりもずっと以前から使われていたものだ。

深くゆっくりとした呼吸はどのように作用するのだろうか？　ケベック州にあるシャーブルック大学の研究者たちは、意識的にそういった呼吸をすると、副交感神経の「休息と消化」システムの活動が高まり、心拍数が低下し、体を至福の状態に近づけるからだと推測する。闘争／逃走モードに入っているときは、すべてが高覚醒状態になる。脳が微妙な入力に注意を払い、中枢神経系を介して入ってくる痛みのシグナルに敏感になっている。**神経系、呼吸、精神的知覚がすべて絡み合っているという考えは、実は昔からあるものだ。**著名なヨギーであるB.K.S.アイアンガーはかつて、「神経系は呼吸の王であり、呼吸は心の王である」と言った。つまり、**呼吸をコントロールできれば、心をコントロールできる**ということだ。そして心をコントロールできれば、痛みの信号をどれだけ意識するかの度合いにも影響を与えることができるということだ。

> ### 心がけたい動きと習慣

呼吸エクササイズとモビライゼーション

　うまく呼吸できるようになるには、息を止めている、あるいは呼吸が浅くて少しの空気しか吸い込んでいないときの自分に気づけるようになるだけで十分だ。好ましい呼吸の仕方についてここまで説明してきたので、どう修正すればいいか理解してもらえているだろう。完璧を求める必要はないが、最後の呼吸をするときまでその気づきを保ち続けてもらいたい。

　以下のエクササイズを実践することで、習慣的に繰り返してきた呼吸が変わるだけでなく、体に生理学的変化をもたらすことができる。

　すべてのモビライゼーションにおいて、筋肉を収縮させたり弛緩させたりするときに、"好ましい呼吸"を加えれば、一石二鳥になる。呼吸エクササイズの一部は、バイタルサイン4のウォーキングの章にもある。呼吸法とウォーキングを組み合わせれば、To-Doリストを短くできる。呼吸と動きは影響し合う。呼吸があなたの動きに影響し、動きがあなたの呼吸に影響している。

モーニング・スピン・アップ

　1日を始めるうえで最適な方法になる。その日が混沌としてくる前に、静かに座ってただ呼吸する時間を取る。私たちは換気システムの可動域を広げる、以下で説明する練習を、呼吸技術を向上させるセッションとして扱っている。1分ほどすると、呼吸筋が疲れてくることに気づくかもしれない。それは起こりうる反応だから気にしないでいい。目が少しチカチカしても大丈夫だ。呼吸しているだけだということを思い出そう。不快さがひどいようなら1分間休憩し、再開する。理想的なのは、3〜5セット行うことだ。興味深い生理学的な変化がたくさん起こることに気づくはずだ。

　タイマーを2分に設定するか、時間を測れるものを用意する。椅子に

座るか横になる。できれば床の上であぐらをかく。鼻から息をたっぷり吸い込み、胸、肋骨、腹を膨らませる。このとき、1回1回の呼吸を、記録的な長さを目指しているように吸い込むこと！

次に、リラックスして「ハァー」と言いながら空気を最後まで吐いていく（吹かないようにする）。息を吐くときと吸うときの間は空けない。これを2分間繰り返す。

さらに、上の手順で息を吸い、息を吐き切った後、次の息を吸わずにできるだけ長くキープする。呼吸をしたくなったら息を吸う。こちらも2分間繰り返す。この2つの手順を好きなだけ繰り返す。3〜5セットやると心が落ち着いてくるだろう。

体幹モビライゼーション

家族や仕事のことで、行き詰まったり、悩んだりすることは誰にでもある。そんなときは、途方に暮れたり、その事実を無視したりしないで、このモビライゼーションをやってほしい。ストレスと戦うのに効果絶大なのは、外部からの物理的圧力と呼吸の両方を通じて迷走神経を刺激するからだ。体を副交感神経（休息と消化）優位の状態に変え、心を落ち着かせる効果がある。長く息を吐く練習になるので、二酸化炭素耐性を高めるレッスンにもなる。

床にうつ伏せになり、ローラーボールか大きめのボール（バレーボールのようなもの）を肋骨下の腹部に置く。両拳を重ねて上体を浮かせる。ボールで腹部を押しながら、鼻から4秒間息を吸い、腹部を収縮させながら4秒間息を止める。その状態から、体幹の力を抜きつつ5秒間かそれ以上の秒数を使って息を吐く。この収縮と弛緩のサイクル間に1〜2回の大きな呼吸をはさむ。

次に、ローラーやボールの上で体を左右に動かしながらゆっくりと息を吸ったり吐いたりする。硬くなっている部分や「違和感を感じる」部分を見つけたら、息を吸いながらそこで止まって4秒間収縮させ、息を吐きながら8秒間弛緩させる。以上を必要なだけ繰り返す。最長でおよ

そ10分間行う。

奇妙なエクササイズのように感じるかもしれないが、数分で体幹の機能を改善できる

Tスピン・モビライゼーション1

　体幹をほぐしながら、より深い呼吸ができるようになるもう1つの方法。「Tスピン（thoracic spine）」とは胸椎の略称で、背中の中央部と上部を指す。Tスピンの硬直は呼吸を妨げるだけでなく、脊椎下部を圧迫し、背中の痛みの原因になる。Tスピンを動かすことは、体に隠された能力を回復させる優れた方法にもなる。

　仰向けに寝て、小さなボールを、背中の中央左側、背骨と肩甲骨の間のどこかに置く。まず、この姿勢で息を十分に吸ったり吐いたりできるかどうか確認する。

　次に、腰を床から浮かせて背中への圧力を強める（ただし、ちゃんと呼吸ができて、息が止まらない程度のところまでしか圧をかけないこと）。

　次に、左腕を背中の下部から中央部にかけてのどこかに置く。ボールを肩甲骨の端に沿って下へと動かしながら、ボールの上で体を前後にゆっくりと揺らす。長くゆっくりとした呼吸を続けながら行う。

　反対側でも同じことを行う。ボールからの圧が他の領域よりも強く感じる領域があるかもしれない。そこをよくほぐす。それぞれの側で最大5分間、ほぐしながら呼吸を続ける。

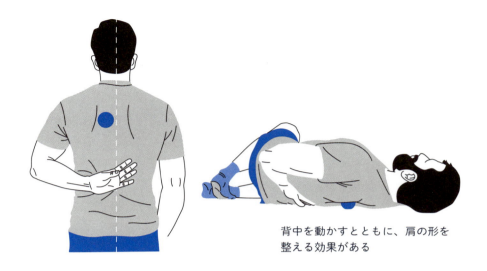

背中を動かすとともに、肩の形を整える効果がある

鼻呼吸で歩く

　ジェームズ・ネスターの著書の中に「睡眠中の鼻呼吸を確実なものにするために、口にテープを貼りなさい」というアドバイスがあった。それに従う人が増えたことでアスレチックテープが大流行した。いびきをかく人がいびきをかかなくなり、睡眠時無呼吸症候群が改善され、より質の高い睡眠が得られるようになると言われている。睡眠中、口呼吸をしている人は、朝起きると、ストレスレベルを示す乳酸値が高い傾向がある。テーピングはこれを回避する方法になる（110ページの、歩きながらの鼻呼吸を加えれば、この習慣を強化できる）。

　私たちもネスターのアドバイスに従っている。切手サイズの正方形の布テープを、口に貼ってからベッドに入る。恐ろしい試みのように思えるかもしれないが、経験的には、安全だし、効果的だと感じている。窮屈に感じるようなら、少しずつやってみよう。寝る前の10分、20分と試していき、一晩中口にテープを貼っていられるように慣らしていく。

アナログ氏とガジェット夫人

　ハイテクなフィットネス時計が溢れる世の中で、私の手首にあるのは、余分な機能がないクラシックな時計だ。一方、ジュリエットはデバイスとアプリを使ってフィットネスと健康のデータを収集してくれる時計を愛用している。

　テクノロジーに対する個人的な違いがある私たちだが、ある一点では意見が一致する。呼吸の助けになると感じるなら、スマートウォッチ、アプリ、データ収集装置、フィットネストラッカーを大いに使ったほうがいいということだ。優れていると思われるものを3つ紹介しよう。興味がなければ読み飛ばしてほしい。

APNEA TRAINER

「apnea」は一時的な呼吸停止を意味している。このアプリは、二酸化炭素耐性を高める息止めエクササイズをガイドする。

CORE BY HYPERICE

　CORE は手に持つ小さなデバイスで、光と振動を使ってさまざまな呼吸や瞑想のエクササイズをガイドする。心拍数を測るバイオセンサーが搭載されていて、スマホとペアリングして改善状況を追跡できる。

GARMIN

　特定のスポーツを対象にしたものなど、さまざまなバリエーションのスマートウォッチを提供している会社。パルスオキシメーター（血液中の酸素飽和度を追跡する）や心拍数モニターなどを備えたトラッカーをリリースしている。

バイタルサイン **3**

股関節を伸ばせるか？

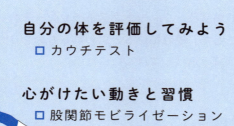

自分の体を評価してみよう
☐ カウチテスト

心がけたい動きと習慣
☐ 股関節モビライゼーション

　旅行中、私もジュリエットも空港のセキュリティラインに並々ならぬ関心を抱く。全身スキャナーの前で脚を開き、両腕を上げる人たちを観察できるからだ。そして、股関節が曲がったまま固まってしまっている人がいかに多いかを目の当たりにする。つまり、**股関節の伸展が上手くできない人がとても多いという事実**だ。

　イントロダクション内にある「頭に入れておきたいいくつかの用語」で説明しているが、屈曲とは、体のある部分と別の部分の間の角度を閉じることだ。座っているとき、あなたの股関節は屈曲している。胴部と太ももの間の角度がおよそ90度になり、立っているときと比べて閉じている。ランジをやって一方の脚を後ろに伸ばすと、伸ばした脚の側の胴部と太ももの角度が開く。これが股関節における伸展だ。股関節の屈曲と股関節の伸展は、陰と陽の関係にある。

　全身スキャナーを受けている人の中には、骨盤と太ももが前方に倒れ、

背中がバナナ形に湾曲している人がいる。胴部が前に突き出し、背中がアーチ形になるこの姿勢は、体全体に負担をかけ、適切な呼吸を困難にする。

バナナ形になる人の股関節は、座っているときほど屈曲してはいない。しかし、わずかな屈曲が、体の正常な並びを妨げている。全身スキャナーで両腕を頭上に持っていったときの体を安定させるのが股関節伸展だ。その伸展がうまくできないために、体をまっすぐにしようとすると体全体がバナナ形になる。股関節がちゃんと伸展するようになれば、まっすぐ立てるようになるし、不安定さが消える。さらに、体の歪みを原因とする、あちこちの痛みが軽くなっていくだろう。

ヒトの体は、立ち上がったり座ったり、物を手にして歩いたり、物を振り回したり投げたりするためにつくられている。これらの動作のすべてに股関節伸展がかかわってくる。体を力強く前に押し出すときのパワーの源にもなる。そのため、股関節の伸展が制限されると、早足で歩いたり、ボールを遠くに投げたりするなどの多くの動きがぎこちなくなる。

また、股関節を適切に伸展できることは、さまざまな痛みへの抑止力になる。体を機能的に動かせるようになるので、階段を上り下りするときの膝のズキズキに悩むことも少なくなるし、立ちっぱなしで料理をしたり、立ちっぱなしでライブを楽しんだりしても背中や腰の痛みを感じないでいられるようになるだろう。

こんな質問をされることがある。「1つだけモビライゼーションをやるとしたら、何がいい？　もっとも見返りがあるのは何？」と。私たちがここで本質的に尋ねられているのは、「体の中でもっとも重要な部分はどこ？」だろう。ナンセンスな質問だ。1つのモビライゼーションだけをやる、あるいは、1つの部位だけを取り上げて他は除外するケアは意味がない。しかし、**股関節伸展モビライゼーションが、日常の動きにもっとも大きな影響を与えるであろうことは認めたい。**主義に反するが、無理に1つ選ぶとしたら、これになる。

自分の体を評価してみよう

カウチテスト

股関節をどれだけ伸ばせるかを評価するのがカウチテストだ。残念ながらソファの上でごろごろするテストではない。ソファの背もたれにすねを置き、膝をソファの座面に押し込む動作に基づいているので、この名前をつけた（ただし、可能であれば壁を使ってやってほしい）。

カウチテストで測定するのは、腰を後ろに倒す力と、大腿四頭筋の柔軟性だ。この2つが正常化されると、両脚に求められるすべての動作が行えるようになる。ランジや、ヨガの戦士ⅠやⅡのポーズをやったことがない人は、股関節を伸ばす動きにはなじみがないだろうし、難しく感じるかもしれない。しかし、ご心配なく。テストの合格を妨げる股関節の動かしづらさは、練習すれば緩和できる。

股関節の問題が体の別の部分に波及しうることを知っておけば、股関節の柔軟性を維持する意欲が湧くし、痛みなどの不具合が生じたとき、股関節の可動域が狭くなっていないかチェックするようになる。腰が痛い？　膝が痛い？　走ったり歩いたりが遅くなった？　歩いているときに前かがみになる？　以上は、股関節の伸展不足が理由になっている、あるいはその一因になっている可能性が高い。

意外かもしれないが、このテストの重要な点は、**股関節を伸ばすときにお尻の筋肉をできるだけしっかりと収縮させることにある。**ここでやってもらいたいのは、お尻にある大きな筋肉である臀筋を活性化することだ。

なぜこれが重要かというと、臀筋を収縮させずに股関節を伸ばすと、まさに避けようとしているバナナ形の背中につながるからだ。脚を後ろへ伸ばしたいとき、その動作を安全かつ力強いものにするには、股関節が臀筋と協働する必要がある。このテストは、脚をできるだけ後ろに伸ばせるかではなく、脚を伸ばしたとき、同時に臀筋を活性化できるかどうかをテストするものだ。

呼吸しながら行うことも大切だ。鼻から十分に息を吸って、体幹を空気で満たすようにするのだ。難度が違う何種類かの姿勢があるので、十分に呼吸できない場合は、より簡単な姿勢に変える。もっとも簡単な姿勢（カウチパターン・姿勢1）にしても体幹を満たす呼吸ができない場合は、呼吸が最初に取り組むべきものになる。呼吸をマスターするまではテストしないようにする。

準 備

ソファを使うパターンと壁を使うパターンがある。壁を使うパターンでは、歪みのない壁とその壁に続く床スペースが必要になる。膝を保護するためにマットか枕を使ってもいい。文字通りのカウチテストにする場合はソファが必要になる。

テスト

ソファよりも床と壁を使ってテストするほうが股関節の可動域を正しく評価できる。まずは、床または壁で行い、それが難しすぎる場合や、床に十分なスペースがない場合は、カウチパターンの指示に基づいてテストする。

床または壁パターン

姿勢1

　左膝を床と壁の交点に置き、すねを壁につけてつま先を上に向ける。右膝を体の前の床につけ、両手を床について体を支える。胴部は床に対して斜めになるようにする。

　左膝を床と壁の交点につけたまま、お尻をできるだけ強く締め、ゆっくり5つ数えながら息を吸い込む。次に、ゆっくり5つ数えながら息を吐いていき、同時にお尻の力を抜いていく。これを5回繰り返す。左右を入れ替える。この姿勢が簡単で、お尻をしっかり締めることができた

ら——臀筋を活性化できるかどうかが、このテストのポイントだ——姿勢2に移る。うまくお尻を締められているかどうか不確かな場合は、手を伸ばしてお尻を触って確認する。深い呼吸を続けることも忘れずに！臀筋を締めることと息を吸うことは相反するものではない。

まずは、この姿勢1からスタート。
できたら、姿勢2へ

姿勢2

　姿勢1から、右膝を上げて90度に曲げ、足裏を目の前の床につける。上体を床に対して傾け、左膝を床と壁の交点につけたまま、お尻をできるだけしっかりと締める。ゆっくり5つ数えながら息を吸い込む。次に、ゆっくり5つ数えながら息を吐いていき、同時にお尻の力を抜いていく。これを5回繰り返す。左右を入れ替える。この姿勢が簡単でお尻を締めることができるようなら姿勢3に移る。

姿勢2をマスターするのに要する
時間は多くなるだろう

姿勢3

姿勢2から、左膝を床と壁の交点につけたまま、上体をできるだけ壁と平行になるよう直立させる。お尻をできるだけしっかりと締める。ゆっくり5つ数えながら息を吸い込む。次にゆっくりと5つ数えながら息を吐いていき、同時にお尻の力を抜いていく。これを5回繰り返す。左右を入れ替える。

胴体を直立させると、硬直した体を感じるだろう

カウチパターン

姿勢1

座席に背を向けてソファの前に立つ。左脚を後ろに上げ、膝を曲げ、その膝をソファの背もたれと座面が接する部分近くに押し込む。すねをソファの背もたれにつけ、つま先を上に向ける。体幹をまっすぐにし、右足を床につけたまま左膝を曲げる。左膝をソファの座面につけ、すねをソファの背もたれにつけたまま、お尻をしっかり締める。ゆっくりと5つ数えながら息を吸い込む。

次にゆっくりと5つ数えながら息を吐いていき、同時にお尻の力を抜いていく。必要に応じて膝をソファの背もたれから離せば、姿勢が楽になる。5

このテストはテレビを観ながらでもできる

回繰り返す。左右を入れ替える。お尻をしっかり締めることができたら——このテストで重要なのは、臀筋を活性化させることだ——姿勢2に移る。

姿勢2

姿勢1から、右足をソファの座面に乗せ、膝を45度の角度に曲げる。左膝を座面につけたまま、すねをソファの背もたれに押し当て、お尻に力を入れ、ゆっくり5つ数えながら息を吸い込む。次に、ゆっくり5つ数えながら息を吐いていき、同時にお尻の力を抜いていく。これを5回繰り返す。左右を入れ替える。

結果が意味するもの

股関節の片側がもう一方より硬いのはごく自然なことだ。左利きだったり、右足を使っていつも運転していたり、スケートボードをやるときにいつも同

ソファの前にあった足を座面に置くと、きつくなる

じ足で蹴っていたりすることが原因かもしれない。古傷が元で片側の股関節がもう一方より硬くなっていることもある。どんな理由であれ、一方の脚でこの姿勢を取ることができても、もう一方の脚でできないのは珍しいことではない。

■ 床で姿勢1のみできる

良好な可動域を持っているが、理学療法の学校でよく言われていることを覚えてほしい。曰く、「筋肉は従順な犬に似ている。よく訓練すれば、変わっていく」。姿勢2ができるようになるまで訓練を続けてほし

い。

■ 床で姿勢 2 までできる

股関節をこれだけ伸ばすことができれば、エンドレンジにかなり近づいている。練習を続ければ、すぐに姿勢 3 ができるようになる。

■ 床で姿勢 3 ができる

すばらしい。あなたの股関節には、ランニングや水泳などのスポーツで卓越した能力を発揮し、腰や膝の痛みを防ぐことができる可動性がある。練習を続けて、体を動かすうえで大切なこの能力を失わないようにしよう。

■ ソファで姿勢 1 のみできる

ここがスタート地点だ。ベースラインである姿勢 2 ができるまで頑張ろう。

■ ソファで姿勢 2 ができる

ベースラインにいるが股関節を伸ばす能力はわずかしかない。長時間座っていることが多く、あまり歩かないことが原因かもしれない。また、生まれつき股関節が硬いことも考えられる。床の上で試したらどうなるか確認してみよう。

いつ再テストすべきか？

カウチ・ストレッチ（90 ページ）をやると、自然に再テストすることになる。可動域の広がり具合を記録していくといい。

股関節は骨と筋肉のすべての不調につながる

膝の骨が大腿骨につながり、その大腿骨は股関節につながっている。

股関節は背骨につながっている。体が思うように動かないときや、全身があちこち痛むときに、骨と骨のつながりの不具合を疑う人は少ない。骨はすべてつながっているが、そのカナメとなっているのが股関節だ。**股関節の状態によって、足の親指の動きまで変わってしまうほどの影響がある。**

　まずは、股関節を後ろに伸ばせないことが、なぜ多くの人が悩みを抱えている腰の痛みの原因になるか説明したい。ただ立っているだけでも、股関節の状態が背中の形状に強い影響を及ぼしている。速く歩いたり、走ったりするときはその影響が顕著になる。

　股関節を伸ばせないと何が起こるか？

　理解するには、次のことを試すといい。背中がおよそ45度の角度になるように腰をかがめ、両手をポケットに突っ込み、布越しに太ももの皮膚をつかむ（ポケットがない場合は、服の上から肌をつかむ）。

　次に、体を直立させる。実際にやってみればわかるが至難の業だ。かかってくる制限を回避するために、前かがみになっていき、最終的には腰が曲がっていく。あるいは、バナナのように反り返った背中になる。この試みは、股関節の伸展不足を誇張したものだが、この状態がなぜ一連の問題を引き起こすかの理由を知るヒントになる。

　バナナのような背中になるのはなぜだろう？　骨盤から太ももの骨である大腿骨にかけて、大腰筋と腸骨筋という2つの大きな筋肉が伸びているが、股関節の伸展不足を放置していると、この2つの筋肉が硬くなったり短くなったりする。その結果、背骨が引っ張られて湾曲し、まっすぐ立とうとするとバナナのような形になるのだ。背中をこのような形に保ち続けるのは大変な作業であり、この姿勢で動くと腰の疲労や痛みにつながっていく。

　さらに、**股関節の伸展不足を背中が補うようになると骨盤が前方に引っ張られる。**すると、呼吸にかかわる横隔膜、骨盤底筋、腹筋の動きが制限され、バイタルサイン2で説明した広々とした呼吸ができなくなる。

以上は、「つながっている骨」の中で、股関節の伸展不足が、股関節より上にある骨や筋肉に及ぼす悪影響だ。

　もちろん、股関節より下にある骨のつながりにも影響する。股関節を伸展させる能力を、ある人がどれだけ持っているかは歩いているときに顕著になる。前進するとき、私たちは、前方へと踏み出し、踏み出した脚を後方へと伸ばす。しかし、可動域が狭くて脚を後ろに十分伸ばせない場合、別の方法でバランスを保とうとする。股関節を後方に伸ばしながら、下半身を外側に回転させて体を安定させるのだ。つまり、アヒルのようなヨチヨチ歩きになる。この歩き方は膝を硬化させて痛みを引き起こしやすい。さらに、歩くときに体を持ち上げている足首が、体の動きとずれていき、これも痛みの原因になる。

　足の親指へも影響する。私たち人間を他の霊長類と区別する１つは、直立して歩く能力があることだ。その多くを足の親指が担っている。足の親指を曲げたり、硬くしたりすることで、踏み出すときの体を前へと押し出している。先ほど説明した通り、**股関節の伸展が不足すると、体を安定させるためにつま先が外を向くことになる**。親指の関与が弱まるので、つま先で地を押す力がとても小さくなるのだ。逆に、伸展性が高ければ、つま先から大きなパワーを得ることができる。これは、ランナーだけでなく、ウォーキングやハイキングをする人にとっても大切な話だと思う。

なぜお尻を締めているといいのか？

　ここでお尻について話をしたい。お尻の筋肉である臀筋が、股関節伸展に重要な役割を果たしているからだ。その1つが、骨盤が前に傾いてバナナのような背中にならないよう、骨盤を正しい形状に保つことだ。カウチ・ストレッチ（90ページ）やプランク（腕立て伏せの姿勢で、腕を伸ばした状態を維持するエクササイズ）をやるときだけでなく、立っているときも、ときどきお尻を活性化する、つまり締めることが重要なのはそれが理由だ。ずっとお尻を締めておく必要はない。スタンディングデスクの前にいる間中そうしていたら仕事どころの話ではなくなる。

　しかし、たまにお尻を締めることは、股関節をリセットしつつ、好ましい姿勢をしているかどうかを確認できるよい習慣になる。仕事で1〜2時間立ちっぱなしだったり、行列に並んだりしているとき、お尻をギュッと締めると、骨盤が前に傾いて背骨を引っ張っていないかチェックできる。

　研究によると、**臀部の筋力低下は、膝のケガ、慢性的な腰痛、すねの痛み、高齢者の転倒などのリスクを高くする**。一方、臀筋を強化すれば、こういった症状の多くを回避したり改善できたりすることが示されている。プランクをやると、私たちの体に臀筋がどれだけ安定性をもたらしてくれているかがわかる。プランクの最中にお尻を締めないと、背中が沈み、誰かに腰を押されたらそのまま崩れ落ちる。しかし、そこをギュッと締めると、突然、体が文字通りのプランク（板）になる。誰かが上に座ったとしても、安定した状態を保つことができるだろう。

　臀筋を締める動きは、立ってやっても同等の効果がある——つまり、コーヒーを買うために並んでいるときでも、皿洗いをするときでも、歯を磨くときでもできるのだ。実に簡単な"エクササイズ"なのだ。

未来の体に投資する

　ビジネス社会においては、3カ年計画とか5カ年計画といった未来に向けての準備が常識的に行われている。定年後の「黄金期」に備えて貯蓄したり投資したりすることも未来を見据えた計画だ。ところが、70歳、80歳、90歳、そしてそれ以上になってもやりたいことができる体にする計画を耳にすることは稀だ。「99歳になったとき、孫と一緒にディズニーランドを歩き回りたい、他人に頼ることなく頭上の荷物入れに荷物を入れたい、マウンテンバイクに乗りたい、立ったままシャワーを浴びたい」といった25カ年計画はないのだろうか？

　何かを改善したいとアスリートたちから依頼されたとき、私たちは、デッドライン（目指している競技イベントの日にちなど）から、逆算してスケジュールを立てる。改善すべき内容を詳細に把握し、その日に間に合うように準備する。これは、年齢を重ねるにつれて私たち全員がすべきことでもある。遺伝的に健康でいられる期間が長いことを願うだけではダメだ。老年期がどのようなものであるかを把握し、それに向けて準備すべきだ。

　ガンやパーキンソン病といった病を防ぐことはできないかもしれないが、老後に備えてできることがたくさんある。センテナリアン（100歳の人の意）・オリンピックを創設した医師、ピーター・アティアに倣うといい。このオリンピックは、「なぜ誰も元気な90歳になるためのトレーニングをやらないのか？」という疑問に対する彼の答えだ。これは、友人の父親の葬儀の後に浮かんだ疑問だった。亡くなるまでの10年間、故人が好んでいたゴルフとガーデニングに没頭できなかったことを会葬者たちが嘆いていたからだ。

　センテナリアン・オリンピックは共同スポーツイベントではなく、個人的な優勝トロフィーを目指すものだ。どのような人生を送りたいかを考え、年齢とともに自然に体が硬くなったり弱くなったりするこ

とを認識し、その侵食が始まる前に対抗する戦略を立てて実行するのだ。例えば、死ぬまでゴルフがしたいなら、それを可能にする筋力、バランス力、可動性に焦点を当てたトレーニングを続けることになる。

　私たちが最も強調したい点は、**年を取ってからも動ける体でいるには、今、動き始め、そのまま動き続ける必要があるということだ。**何がもたらされるかの例として、ジュリエットの父親であるウォーレンとのグランドキャニオン旅行以外に思い当たるものはない。

　それは、コロラド川で筏を漕ぎ、ハイキングし、風雨の中で野宿する過酷な16日間の旅だった。グループは40代が中心だった。ジュリエットの父親は76歳で圧倒的な高齢者だった。それでも、彼は私たちがやることをすべてやった。砂嵐や豪雨に遭ったし、40度を超える高温に達した日もあった。毎朝、キャンプ用品を筏に積み込み、夜になるとそれを降ろした。日中は急流であるコロラド川を下る。川から離れると、最長で10キロのハイキングをした。岩をよじ登ることもある危険なハイキングだった。

　1日の終わりには私たちよりも疲れていたに違いないが、ウォーレンは40代と同じことがすべてできた。旅が終わったとき、誰もが彼の機敏さとスタミナに驚いていた。ウォーレンと同年代の自分の両親は、グランドキャニオンの旅など考えもしないと言う人もいた。なぜこの冒険に耐えられたか尋ねられたウォーレンはこう答えた。「そうだね、何らかの遺伝が影響しているのは確かだ」。科学者だからそう言うのは当然だろう。そして、「でも、この年になるまで、ずっと体を動かし続けたことが大きいね」と続けた。

　もちろん、後者の答えが大きな違いを生んだのだと思う。DNAだけでは、その境地まで到達することはできない。ウォーレンは自分の将来に投資してきた。1970年代からジムに通い、人々がこぞってウェイトを挙げるようになるずっと前からそれを始めていた。バックパックを背負っていつも旅をしていた。それが大きな違いをもたらした

のだ。

　さて、あなた自身の将来に投資する方法を紹介したい。想像力を使ってやりたいことをすべて考えてみる。今やっていて、いつまでも続けたいことをそこに加える。何があなたに幸せをもたらすだろうか？それを全部書き出す。モチベーションが下がったときに見返すためだ。
　次に、書き出した内容を実現するための身体能力を高めたり維持したりするために必要なことを実行する。この本を出発点にすればいい。**手遅れになる前に、今すぐ始めるのだ！**

股関節を「再野生化」する

　私たちの股関節は、体の正中線を越えて後ろへ十分に伸ばせるようにつくられているのだが、その伸展性はどこに行ってしまったのか？　多くの現代病がそうであるように、座っている時間の長さがこの問題の大部分を占めている。"伸展"は股関節を後ろへ振るために組織を伸ばすことだ。しかし、屈曲させている（座っている）ときの股関節は、股関節と脚の前部にある組織を縮めたり硬くしたりしている。

　同じ姿勢でいる時間が長いと、それらの組織の適応が進み、股関節の後ろへの動きが制限されていく。ソファに座り続けたり、一日中デスクワークをしていたりするときだけではない。人気のワークアウトをやる、自転車に乗る、ローイングマシンでエクササイズするといった、座ってやる運動が、知らず知らずのうちに組織を縮めさせたり硬化させたりしている。体がこの屈曲姿勢をどんどん好きになっていくのだ。

　ハイレベルなスポーツ環境で膝や背中に痛みを抱えているアスリートに対して私たちが最初に行うことの1つは、その人がどのような姿勢で体を動かしているかを観察することだ。そういったアスリートたちは、ある特定の姿勢を取り続けているケースが多い。

　さらに、股関節を伸展させる活動が少ない。人々の股関節を屈曲過多にするのは、座っていることの多さだけが原因ではない。慢性的な伸展不足だ。エリートアスリートであっても、股関節の後ろに十分な距離をとった位置に膝を置く機会が少ない。ヨガや、ランジなどのワークアウトをやらない限り、股関節を伸展させた姿勢を取る機会は誰にとっても少ないのが現実だ。

　股関節の解剖学的構造を少し掘り下げてみると、股関節を伸ばす練習をしなかったり、長時間座っていたりすることによる（その両方の人が多いだろう）、悪影響の多さに驚くことになる。

　以前説明した通り、私たちの大腿骨と股関節は、大腿骨頭（大腿骨の

先端にあるボールのような形をした骨部分）と寛骨臼（股関節側にあるソケットのような骨部分）で連結している。この2つをつなぐ袋状の被膜が股関節包だ。ここが硬くなって関節の動きが制限されるようになる。これも、体が頻繁に取る直角姿勢への適応が原因になっている。

　さらに言えば、股関節を横切る大腿四頭筋の1つ、大腿直筋が短くなる可能性が高くなる。足の甲から膝を越えて腹部まで続く長い結合組織に問題が生じることもある。この組織もまた、継続的な姿勢に適応して、硬くなったり縮んで短くなったりする。脳への影響も軽視できない。股関節伸展が慣れない動きだと脳が認識するようになるからだ。ついには、その姿勢に入ろうとすると、危険だからとブレーキをかけるようになる。

　体は頻繁に変化する。**人間の体がすばらしいのは、一度適応しても、別の適応ができることだ。**言い換えれば、股関節を「再野生化」することができる。もちろん、そうするには意識的な努力が必要になる。

　重量挙げの世界的コーチであるトラヴィス・マッシュも、選手のトレーニングに股関節伸展モビライゼーションを取り入れている一人だ。あるポッドキャストで対談したとき、「ケリー、私たちのジムにいる選手たちの背中の問題を治してくれたのは君だ。股関節伸展の改善に取り組み始めたら、オリンピック・リフターたちの腰痛がほとんどなくなったんだよ」と言ってくれた。それは、私が本当に聞きたかったことだった！

　股関節を伸展させる大切さをまだ理解してもらえないでいるとしたら、最後の一押しを。あなたの背中はバナナのようになっていない。軽快に歩くことができて、体調も良好だ。

　しかし、**行動をスケールアップしたい――山歩きしたり、ハーフマラソンに挑戦したり、プールの中で激しくキックしたり、トスカーナの丘陵地帯を歩いたりするなど――ときは、伸展する股関節が最高の友達になる。**下半身が本当に動くようになるからだ。それは、きつすぎるジーンズを脱ぐときの感じに近い。

体のどこかに痛みや疼きがある場合も、股関節伸展から始めると良いことを心に留めておいてほしい。一見手に負えないような状況であっても、股関節伸展モビライゼーションがそれを改善してくれることが多い。他人を指導した結果から、私たちはそう確信している。

心がけたい動きと習慣

股関節モビライゼーション

私たちは、非対称的な体の使い方をしている。そうする必要が少ないため、股関節屈曲に費やす時間と同じくらいの時間を股関節伸展に費やすことはない。何かを頼まれたとしても、使うのはほとんど屈曲のほうだ。しかし、座る時間を減らし（バイタルサイン9を参照）、股関節を毎日伸展させれば、時間はかかるものの股関節の正常な可動域を回復させることができる。そこに魔法はない。伸ばすよう心がけていれば、その後も機能を失うことはない。

以下で紹介する実践には、股関節を伸展させるだけでなく、硬くなっている股関節周囲の組織をほぐす動きも含まれている。できるだけ頻繁に練習してほしいし、日課に組み込むことをお勧めしたい。必須ではないが、取り組む価値が十分にある特別モビライゼーションも加えてある。

カウチ・ストレッチ

カウチ・ストレッチは、カウチテストと同じ動作になる。違いは、より長く行う点にある。繰り返しになるが、床でやる方が効果的だ。しかし、テレビを観ながらソファでやってもかまわない。大切なのは股関節を伸ばすことであり、どこでやるかは二の次になる。

思い出してもらいたいことがいくつかある。まず、深い呼吸を欠かさないことだ。深呼吸すれば、浅い呼吸をしているときや息を止めているときとは違った刺激を筋膜や結合組織に与えることができる。より広い可動域も探ることができるだろう。うまく呼吸できなければ、その姿勢は適切なものではない。

また、股関節を伸ばす能力が左右同じだとは限らない。必要に応じて以下で説明する修正を加えるようにする。3分間キープするのが難しい場合は、一度に1分間ずつ計3分行うようにする。慣れてきたら連続3分間にトライする。壁やソファの背もたれから膝を離すと強度を弱めることができる。床の上で姿勢1または2を行うときに、椅子を前に置き、その座席に両手をのせて上半身を支えるとやりやすくなる。

床の上または壁を使って

姿勢1 （77ページ）

カウチテストを参考にして姿勢を整える。左膝を床と壁の交点につけたまま、お尻を締めてゆっくりと5つ数えながら息を吸い込む。ゆっくりと5つ数えながら息を吐いていき、同時にお尻の力を抜いていく。これを3分間繰り返す。左右を入れ替える。この姿勢が簡単にでき、お尻を締めることができたら姿勢2に移る。

姿勢2 （78ページ）

カウチテストを参考にして姿勢を整える。床の上で胴部を傾け、左膝を床と壁の交点につける。お尻を締めて、ゆっくり5つ数えながら息を吸い込む。ゆっくり5つ数えながら息を吐いていき、同時にお尻の力を抜いていく。3分間繰り返す。左右を入れ替える。この姿勢が簡単にでき、お尻を締めることができたら姿勢3に移る。

姿勢3 （79ページ）

カウチテストを参考にして姿勢を整える。左膝を床と壁の交点につけたまま、できるだけ壁と平行になるように胴体を直立させる。お尻を締め、ゆっくり5つ数えながら息を吸い込む。ゆっくり5つ数えながら息を吐いていく。同時にお尻の力を抜いていく。3分間繰り返す。左右を入れ替える。

ソファで

姿勢1 （79ページ）

　カウチテストを参考にして姿勢を整える。左膝をソファの座面に押しつけ、左足のすねをソファの背もたれに押し付ける。お尻を締め、息をゆっくり5つ数えながら吸い込む。息をゆっくり5つ数えながら吐いていき、同時にお尻の力を抜いていく。これを3分間繰り返す。左右を入れ替える。この姿勢が簡単にでき、お尻を締めることができたら姿勢2に移る。

姿勢2 （80ページ）

　カウチテストを参考にして姿勢を整える。左膝をソファの座面に押しつけ、左足のすねをソファの背もたれに押し付ける。お尻を締め、息をゆっくり5つ数えながら吸い込む。息をゆっくり5つ数えながら吐いていき、同時にお尻の力を抜いていく。これを3分間繰り返す。左右を入れ替える。

大腿四頭筋モビライゼーション

　大腿四頭筋はとても大きな筋肉群だ。1日を通して私たちの体重を支え、体を動かすときにも膨大な負荷がかかっている。座っているとき、姿勢を保っていられるようにしているのもこの筋肉だ。以下のモビライゼーションをやれば、硬くなっている大腿四頭筋にしなやかさが戻る。フォームローラーが必要になるが、筒状の代替物（ワインボトル、麺棒、ガムテープで留めた数個の野球ボールなど）があれば始められる。

　うつ伏せになり、ローラーを左太ももの上部（股関節上部から膝までならどこでもよい）に当てる。左脚を外側へと少し転がし、次にゆっくりと脚の内側に向かって転がす。大きな圧をかけるようにする。とはいえ、深呼吸可能な圧であることを確認しながら行う。息が上がったり、止まったりするようであれば、圧力を軽くする。太ももを左右に動かし

ながら、上下に動かす。満遍なく。少し不快感があるかもしれないが、それはありふれた反応であり、問題もない。そのうち心地よい圧力に変わるはずだ。左右を入れ替える。片側2〜3分から始め、最長4〜5分まで作業を続ける。

不快感があるかもしれないが、大切なメンテナンスになる

〈特別モビライゼーション〉股関節伸展アイソメトリクス

　簡単に実行でき、非常に効果的なアイソメトリクス（等尺性収縮。関節を動かさずに筋肉を収縮させる動作。拳を強く握れば、等尺性収縮を起こしていることになる）を紹介したい。1日に数分の時間を割くだけでいい。上腕二頭筋のカールのように特定の筋肉を鍛えるものではなく、日常生活で使う姿勢を誇張するような動作になる。この姿勢で収縮と弛緩を繰り返すことは、脳に「私はこの姿勢をしているが、安全だし問題ない。必要なとき、いつでもこの姿勢になれるよ」と伝えることになる。

ひざまずくアイソメトリクス

　右脚を 90 度に曲げて床に足裏をつけ、左膝をお尻の後ろの床に置く。体幹をまっすぐにできたら、両手は右膝の上に置く。お尻の右側を締めて、右膝をできるだけ前へと動かし──お尻を締めた状態では遠くまで進めることはできない──その姿勢を保つ。お尻を引き締めたまま、呼吸する。ゆっくり 5 回吸って、ゆっくり 5 回吐く呼吸を 1 分間続ける。その間、締めているお尻の側を緩めないようにする。左右を入れ替える。

ルーチン化して、臀筋の役割を毎日思い出そう

スタンディング・アイソメトリクス

　足を開いて、右足を前に、左足を後ろに出す。右膝を少し曲げて、軽めのランジに入る。左太ももの前部に緊張を感じるはずだ。お尻（左側）を締めてその姿勢を保つ。呼吸しながら──ゆっくりと 5 回吸い込み、ゆっくりと 5 回吐き出す──お尻をしっかりと締めたままにする。30 秒間続ける。左右を入れ替える。

立ったまま行うので、どこでもできる

カウチ・アイソメトリクス（後ろ足上げミニランジ）

　ソファの肘掛けに背中を向けて立つ。右足を一歩前に出し、左足のすねを肘掛けにつける。右膝を適度に曲げてお尻を締めてその姿勢を保つ。お尻を締めたまま、息をゆっくり5回吸い込み、ゆっくり5回吐く。30秒間、この呼吸を続ける。左右を入れ替える。

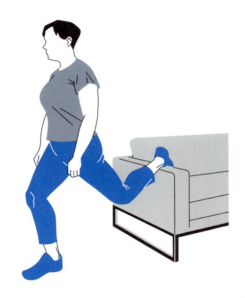

ブルガリアン・スプリット・スクワットとも呼ばれ、世界中のトレーニングの定番になっている

バイタルサイン **4**

最低 8,000 歩、歩いているか？

自分の体を評価してみよう
☐ 1日あたりの歩数見直し

心がけたい動きと習慣
☐ 意図的なウォーキングと歩数を増やす戦略

　一日中パソコンの前にいる人は、自分が「座りがち」の定義に当てはまると自覚しているだろう。ところが、定期的に、あるいは、熱心に運動していても、「座りがち」とみなされることがある。週3〜5回のトレーニングをやっている人、さらにはアスリートであっても、運動している以外の時間の使い方を聞くと、活発に体を動かしているとは言えない人が多い。

　朝、筋トレやピラティスをやったとしても、その後、プログラミングの仕事をやるために午前8時から午後8時まで座り、夕食で座り、ソファに座ってのNetflixで1日を締めくくってはいないだろうか？　1日30〜60分間、思いきり体を動かすのはいいことだが、起きている残りの時間を座って過ごしたら、トレーニングで得た効果を打ち消してしまう可能性が高い。

どんな運動をどの程度やれば体にいいのか——その処方箋がいくつも
ある時代に私たちは生きている。加えて、環境そのものも座りっぱなし
になるように設定されている。仕事もデスクワークが主流で、まったく
動かずに済んでしまう日もある。この章での**私たちの目標は、座って過
ごす毎日にどうすれば「動き」が生まれるかを紹介することだ。**もうお
わかりかもしれないが、それは歩くことにかかわってくる。

　太古の世界で私たちの祖先はよく移動していた。そのため、現代を生
きる私たちの体も移動するようにできている。**ウォーキングは効率的な
方法であるだけでなく、体に備わっているあらゆるシステムや構造を強
化する処方箋になる。**歩くという単純な行為は、購入できるどんなフィ
ットネスグッズやジムの会員権に勝るものであり、動くうえで最高のツ
ールになる。

「座りすぎ」がもたらす弊害について、今もなお議論が続いている。
「座りすぎ」は新しい「喫煙」なのだろうか？　それだと言い過ぎだ。1
日のある時点で座ることになるのは避けられないことだし、疲れたら座
るのは当たり前のことでもある。

　しかし、座っている長さが体に備わる機能や健康にとって不合理なレ
ベルに達していることが2010年に発表された研究によって明らかにな
っている。アメリカ癌協会が123,216人の男女を対象とした疫学データ
に基づいて調べた結果、**起きている時間のかなりの割合を座って過ごす
と、死亡リスクが飛躍的に高まる**ことがわかった。1日6時間以上座っ
ている人は、1日3時間未満しか座っていない人と比べて、女性で37％、
男性で18％、死亡率が高くなる。この研究が注目されたのは、**定期的
にエクササイズをやっていても「座りすぎ」による悪影響が同じくらい
ある**ことが判明した点にある。これに続く同様の研究でも、ほぼ同じ結
果が出ている。

「座りすぎ」は「不活性」と同義語になっているが、健康にかかわる専
門家の間には別の呼び方がある。低METsだ。METsは "metabolic

equivalents（代謝当量）”の略で、安静時に消費するエネルギー量と比べて、体を動かしているときにどれだけのエネルギー量を消費しているかを表す数値だ。

座りっぱなしは、1.5METs 未満の活動として定義されていて、長くそのままでいることを避けたい数値になっている。その長さとは？　30分以上立ち上がったり動き回ったりしないことだ。これを回避するには歩けばいい。速く歩く必要も、階段を上る必要もない。ただ歩くだけでMETs スコアを 3 倍高めることができる。

自分が動いているかどうかを知ることができる簡単な方法がある。**日々の歩数を記録することだ。**体をどれだけ動かしたかを正確に把握できるので、歩数をカウントすることは、身体活動をモニタリングするうえでの優れた方法になる。狩猟採集民だった私たちの祖先が毎日どれだけ歩いていたかについてはさまざまな意見があるのだが、どれも 1 日あたり 12,000 歩から 17,000 歩の間に収まる。狩猟採集の習慣を持つ「今を生きる」先住民族の研究から過去を推し測ると 1 日 15,000 歩になる。どう考えても、現代人のほとんどが遠く及ばない歩数だ。

America on the Move の調査（2010 年に発表されたものだが、状況は当時からあまり変わっていない。コロナ流行時にはさらに悪化したと思われる）によると、アメリカ人は 1 日あたり平均 5,117 歩（およそ 4キロ）しか歩いていない。これは、広く受け入れられている推奨値である 10,000 歩を大きく下回っている。

それに比べてオーストラリア人は 1 日あたり平均 9,695 歩も歩いている。日本人は 7,168 歩だ。偶然かもしれないが、この 2 つの国の住人の肥満率はかなり低い。肥満率の違いは歩数だけで決まるわけではないが、痩せるためにもっと歩いたほうがいいとする意見に反対する人はいないだろう。

歩く時間を増やせば増やすほど、さまざまな病から身を守る可能性が高くなる。例えば、肥満、糖尿病、心臓病、一部のガン、骨粗しょう症、

関節炎による痛み、風邪やインフルエンザ、抑うつ、不安症など、リストはもっと続いていく。

可動性の観点から見ると、**ウォーキングは関節を動かし、骨（背骨や足の骨を含む——これがとても重要だ！）や軟部組織に負荷をかけることで、それらの耐久性を向上させ、痛みにつながりにくくする。**荒れ狂う激流の中をパドリングしたり、マウンテンバイクで急斜面を下ったり、重いウェイトを持ち上げたりしている人もいるが、それらは課外活動に過ぎない。**ウォーキングの代わりになるものは何もない。**

> ### 自分の体を評価してみよう

１日あたりの歩数を調べる

歩数をカウントすることの利点は、「今日１日、どれだけ動いたか」を可視化できることだ。また、ウォーキング以外の歩数もカウントできるので、スーパーの通路を歩き回る、階段を上り下りする、クルマを降りて目的地まで歩くといった**「ついで」の動きで１日の歩数を増やすことができる。**このことは、「ついで」の動きを使って歩数を増やすモチベーションにつながっていく。駐車したクルマのそばにある置き場にショッピングカートを戻すのではなく、店の前の置き場まで押していくことに、突然、新しい意味が生まれるのだ。

私たちは、１日当たり 8,000 歩から 10,000 歩、できれば 12,000 歩以上歩くことを勧めたい。この歩数は研究によって裏付けられている。1965年に、「１日１万歩、歩きましょう」というスローガンが登場した。これは、医学的な研究結果ではなく、歩数計をもっと売りたい日本の会社のマーケティング部門がつくったものだった。しかし、その後の長年の研究によって、この歩数計メーカーがつくったスローガンの正当性が裏付けられることになった。

2020 年に複数国の保健機関研究チームが行った大規模研究によって、

1日4,000歩の場合と比べて、1日8,000歩に達すると、あらゆる原因による死亡リスクを51%低下させることがわかったのだ。さらに私たちの祖先の推定下限歩数である1日12,000歩に達すると、65%もリスクが低下することが明らかになった。

　この章のテストでは、連続する3日間の歩数を記録し、1日の平均歩数を算出してもらう。ほとんどの人は日によって違うことをしているので、日にちを増やせば、より正確な歩数がわかる。就業日と非就業日を組み合わせて平均すれば申し分がない。

運動もカウントしていいか？

　ハイキングが趣味なら、その歩数もカウントする。同様に、ランナーも歩数を加えるようにする。その他の身体活動（スカッシュをやったり、ズンバのクラスで踊ったり）での歩数もカウントする。

　歩数をカウントしにくいトレーニングをやっている場合は、目指す歩数を減らすことができる。例えば、トライアスロンのために日に数時間トレーニングしている場合や、同様のハードなエクササイズを長時間行っている場合は、推奨歩数の低いほう（8,000歩）を選ぶか、それより多少低くてもかまわない。しかし、まったく歩かないエクササイズはカウントしない。水泳やサイクリングなどでの動きも歩数に換算するのが難しいため、実際に歩かない活動は無視したほうがスッキリする。

準　備

歩数をカウントする何らかの方法が必要になる。ほとんどのスマートフォンやスマートウォッチには歩数計が内蔵されている。あるいは、アプリを購入することで対応できる。Fitbitのようなフィットネストラッカーや、クリップ式歩数計も選択肢の1つになる。

デバイスなしでも、次の等式を使えばかなり正確に自分の歩数を把握できる。約1.5キロ＝2,000歩（平均的な人の場合）だ。デバイスの代わりにこの等式を使う欠点は、日中の偶発的な歩数を追跡しにくくなる

ことだ。また、自分をごまかすようにもなりやすい。それなら、安価な
歩数計を買ったほうがいいだろう。

テスト

朝起きてから、夜、ベッドに入るまでの歩数を記録する。連続3日間
これを行い、その合計を3で割ると1日あたりの平均歩数が求められ
る。それがスコアになる。

結果が意味するもの

　3日間の平均歩数を求めるが、土曜日に16,000歩いたとしても、日
曜日に終日ソファに座っていたら、あまり意味がない。歩数も大切だが
一貫性も大切であることを覚えておいてほしい。また、テスト中も、毎
日、少なくとも8,000歩を目標にする。それを達成できなくても気を落
とす必要はない。試みることをやめないことだ。どんな一歩でも、踏み
出さないよりはマシだ。

いつ再テストすべきか？

　毎日歩数を数えて、目標に近づいているか、目標達成を継続している
かを確認することがベストだ。

ウォーキングが圧倒的に優れている理由

　2人の女性がいるとする。2人とも身長160センチ、体重65キロだ。
1人は、基本カロリー（通常の1日でその人が消費するカロリー数）を
超えて、年間合計101,608キロカロリーを消費する。もう一人はおよそ
半分の51,480キロカロリーしか消費できない。どちらが週に3回ラン
ニングし、どちらが日に8,000歩歩いているだろうか？

　おわかりの通り、より多くカロリーを消費しているのは1日8,000歩
の女性のほうだ。それにしても、毎日歩くことによる効果には目を見張

るものがある。50,000キロカロリーもの差？　そのカロリーに相当するアイスクリーム量はどれほどになる？　もちろん、たくさんアイスクリームを食べなくてもいい。しかし、50,000キロカロリー余分に消費するのなら、ウォーキングしない友達よりも多めに食べることができるだろう。**健康的な体重を維持または達成したいなら、歩くことが最高の方法**になる。

　ここで、他の人の意見も聞いてみよう。紀元前400年に「食事に気をつけるだけでは、人の健康は保てない。運動すべきだ。そして、自然な運動と人為的な運動がもたらすものを見極める必要がある」と言ったのはヒポクラテスだ。その頃から私たちは、身体活動の最適解を導き出そうと努めてきた。そして、近年ずっと焦点が当たっていたのは「人為的な運動」のほうだ。心血管系や筋肉の強化を目的にしたエクササイズに重点が置かれてきた。トレッドミルで30分走ったり、HIIT（高強度インターバル・トレーニング）のクラスで汗を流したりすることでカロリーを消費し、健康を維持し、気分を良くしようとしてきた。

　それは楽しいしすばらしいことだが、最近の専門家は、**エクササイズにどれだけの時間を費やしたかだけではなく、人為的な活動（エクササイズ）と、それ以外の自然な活動（エクササイズ以外の活動）の「カクテル」に注目するようになっている。**

　2021年、国際的に組織された研究チームが、過去に行われた6つの研究の数値を解析したところ、**30分間の中～強度のトレーニングをやることによる効果は、その日の残りの時間をどう過ごすかによって変わることを発見している。**

　座っている時間が7時間未満であれば、トレーニングによって早期死亡する確率を最大80％減少させることができる。しかし、トレーニングをした日に11～12時間以上座りっぱなしの人の早期死亡リスクは減らなかった。研究者の一人であるコロンビア大学医学部のキース・ディ

アス教授は、「To-Doリストの"エクササイズ"欄にチェックを入れればいいという単純な話ではない。健康を維持するには、毎日30分以上のエクササイズが必要になるが、座りっぱなしにならないことも同じくらい大切なのだ」と述べている。

要点を理解してもらえたと思う。つまり、**エクササイズだけでは十分ではない。**そして、なぜ「歩くこと」がこの課題に対する最適解なのかについて見ていこう。かつての私たち人類には、狩りをしたり、採集したりと、生きていくために動き回る機会が一日中あった。しかし、今は、エクササイズをするとき以外は座っていれば生きていける世界にいる。長時間、自分の脚を使い続ける職業——ウェイター、料理研究家、造園家、教師、軍人など——でない限り、ウォーキングを計画的に行う必要がある。ウォーキングには、単にカロリーを費やすこと以上のすばらしい効果があることを知ってもらいたい。

メリット1　体全体を整える（そして痛みを軽くする）

ウォーキングが優れているのは、単に体を動かすことではなく、正しい方法で動かす方法になることだ。そして、座りっぱなしがもたらす生体力学的な悪影響を相殺する解毒剤になる。

座りっぱなしは、体に備わった機能を制限し、筋肉やその他の組織を硬化させ、敏捷性を奪う。階段を上がるのが辛い仕事になる。腰をかがめて歩くようになるかもしれない。ドアが閉まる直前にバスや地下鉄の車内に滑り込めなくなるかもしれない。ついには、クルマから会社の机、会社の机からクルマ、クルマから家のソファへ移動するだけの生活でも体が痛むようになる……。

楽な生活をしているのになぜと思うかもしれないが、楽をしているからこそ痛むのだ。座りっぱなしは、体の前面にある筋組織と結合組織——大腿四頭筋から股関節屈筋に至るまで——を適応させ、それらを縮めてしまう。臀筋やハムストリングスも、座っている姿勢に適応する。こ

の適応がその時だけのものであっても、椅子から立ち上がった後、自由に動くことを難しくする（飛行機での長時間フライトの後の自分の体を思い出してほしい）。

ウォーキングがこの状況に一石を投じる。股関節、大腿四頭筋、ハムストリングスを直角姿勢から救い出し、自然が意図した通りの動き方に戻すからだ。

大股で歩く、散歩する、トレッキングするなど、どの方法で行っても、歩くことで股関節が伸展する。座っていたことで縮まった組織を伸ばし、体が生体力学的なバランスを取り戻す。歩くことで関節が潤滑油で潤い、関節を支える筋肉が強化される。以上は、膝の痛みに苦しんでいる場合には特に助けになる。

筋肉と違って、軟骨は血液の循環ルート上にはない。軟骨は関節が動くことを介して栄養を受け取っている。**歩くことが、栄養のある体液を軟骨に届ける簡単で直接的な方法になる**。そのため、今、膝に痛みを抱えていないとしても未来のために歩くべきなのだ。そして、痛む場合は必須になる。

メリット 2　より良い足にする

人生という長い試合を戦い抜くには、耐久性があり、強靭さを備えた足が必要になる。それを手に入れるには、**負荷をかけることと、足裏への好ましい刺激が必要**になる。ウォーキングはその両方を兼ね備えている。

手と同じように、足にも圧力、温度、質感、振動に反応する受容体が備わっている。また、体が空間内のどこにあるかについての情報を集める受容体（固有受容器）も点在している。これらの受容器を介した入力が脳へと送られ、バランスを取り、確実な足元を保ち、安全に動いたり歩いたりするための判断を下すのに役立っている。

受容器の感度が良ければ、でこぼこした道を歩いたり、部屋に転がっ

ているおもちゃを避けようとしたりするときに、つまずいて転んだり、足首をひねったり、体を痛めるねじり方をする可能性が低くなる。**ウォーキングすれば足裏が目覚め、すばやく動く必要があるときの足から脳へのシステムが活性化される**。座っているときはこの足裏への感覚入力がほとんどない。そう言うだけで十分だろう。

もう1つ重要なのは、足にも負荷をかける必要があることだ。足には28の骨、30の関節、100以上の筋肉、腱、靭帯があり、体の他の部分と同じように物理的な力や収縮から恩恵を受けている。負荷をかけることで、足が適応し、組織化され、強く保たれている。立っていると足に負荷がかかるが、歩くと負荷が増え、さらに筋肉が収縮するので、足の柔軟性としなやかさが保たれる。歩くことで、足を「再野性化」できるのだ。

メリット3 より良い流れ（循環）を生む

椅子に座って何もしないでいても、体内を血液が循環している。リンパ系（リンパ循環系）も働いている。リンパ系は、体にとっての主要な下水道の1つだと考えるとわかりやすい。リンパ系を流れるリンパ液は、細胞内の老廃物を除去したり、感染症と戦う免疫細胞を循環させたりするのに役立っている。体液レベルを維持するのにも欠かせないものだ。

ここで強調したいのは、動かなくても体が完全に機能停止することはないが、動いたほうがはるかに機能するということだ。血液は心臓の拍動によって流れる。ウォーキングすることでほんの少し拍動を強めれば、栄養と酸素を含んだ血液をより多く流すことができる。

一方、リンパ系は筋肉の収縮によって駆動する。そのため、歩いて筋肉が収縮するとゴミが洗い流され、体内の鬱血が取り除かれる。歩くことで「すべて」が流れ、体というシステム全体が高いギアに入る仕組みになっているのだ。

毎日ウォーキングしたほうがいいのは、体内の循環を常に最適化する

からだ。そうすることが特に重要なときもある。手術を受けてそれほど経ってない人の病室を訪ねると、看護師が患者を歩かそうとしていることに驚くかもしれない。なぜすぐに歩かせるかと言えば、**体を動かすことが治癒を早める物質の運搬と外傷による副産物の除去を促すからだ。**手術を受けた後に限らず、循環を促すことで、ごく軽い痛みであっても和らげることができる。

メリット4 睡眠の質が向上する

　良質な睡眠は、モビリティと全身の健康にとってとても重要な要素になる（バイタルサイン10で詳しく説明する）。では、どうすれば質の良い睡眠が得られるのだろうか？　歩けばいい。エクササイズが質の良い眠りを誘うことは以前から知られていたが、ウォーキングにも同じ効果があることが明らかになっている。

　小規模だが興味深い2020年のハンガリーでの研究を見てみよう。19歳から36歳の座りがちな人々を半々のグループに分けた。一方のグループは1日8,000歩から10,000歩を4週間歩くように指示され、その後、睡眠にかかわる問題を報告してもらった。もう一方のグループは、今まで通りの生活を送ってもらった。この研究の目的は、ウォーキングが睡眠の質に影響するかどうかを調べることにある。睡眠の質は、入眠とか睡眠維持が難しいかどうか、睡眠時間の長さ、睡眠薬の服用量、日中の機能性などから判断する。

　さらに、ウォーキングが生活満足度に影響を与えるかどうかも確認している。その結果、ウォーキング・グループには、睡眠の質におけるあらゆる面での改善が見られた。また、生活満足度が向上することも明らかになった。研究グループの一人は、「睡眠を改善するのに、必ずしも強度が高いエクササイズが必要なわけではない」と述べている。

　その1年前に発表された研究でも、同じような結果が得られている。ブランダイス大学の研究者が主導したこの研究には59人の男女が参加している。そのうちの一部に日に2,000歩多く歩くように求め（介入

群）、残りの人たちには何も変えないように求めた（対照群）。介入群の人たち（特に女性）は、歩数を多くすると、睡眠の質が向上し、睡眠時間が長くなったと報告している。

体を動かせば、入眠を妨げたり、睡眠を妨害したりする抑うつ症や不安症のレベルが低下する。**週に200分のウォーキングをすれば、抑うつ症状を軽減させる**ことができるのだ（これは1日あたり約30分に相当し、8,000歩よりはるかに少ない量だ！）。

一方、1日7時間以上座っていると、抑うつ症状が強くなる。ウォーキングがもたらす心を落ち着かせる効果は、眠れないほどの不安感を和らげるのにも役立つ。少し歩くだけでも、不安が鎮まることが証明されている。太陽の光を浴びながら歩けば、さらなる効果が期待できる。陽の光、特に朝の光を浴びると、眠くなる時間が早まるからだ。夜更かししなくなり、適切な時間に就寝できる。その結果、必要な睡眠時間を確保できる可能性が高まる。

メリット5　脳機能が向上する

何時間もデスクに縛られている人のほうが、デスクを離れがちな人よりも生産性が高いと考えられている。しかし、そうとも言えない。なぜなら、長時間座ったままのオフィスワーカーは、脳への血流が低下し、その低下がボンヤリとした思考や記憶力の減退につながりやすいからだ。

以下は、リバプール・ジョン・ムーア大学のスポーツ・運動科学研究所での調査結果である。15人の労働者を対象に3つの異なるシナリオ（ノンストップで4時間の座り作業をする／4時間の座り作業を30分ごとに中断し、散歩を2分間する／4時間の座り作業をするが、最初の2時間が過ぎたら8分間の散歩をする）の後に脳の血流を測定している。

その結果、**座り続けたり、2時間後に長めの散歩をしたりするよりも、30分ごとに2分間の散歩をはさむほうが血流低下を抑えられることが明らかになった。**

さらに、少し元気よく、適度な長さ（10分でも可）歩けば、逆に脳における血流が良くなることがわかった。脳に有益な神経化学物質の活性も促す。それらの化学物質の1つに、気分を良くするホルモンとして知られるセロトニンがある。気分が高揚し、抑うつが減少すると考えられているホルモンである。「脳由来神経栄養因子」（brain-derived neurotrophic factor, BDNF）という分子も活性化する。こちらは、脳細胞を分化・成熟させ、十分に機能するよう助ける分子である。神経可塑性を促す方法の1つにもなる。**早足で歩けば、脳がその活動を感知し、適応するために、脳内に新しいつながりをつくっていく**からだ。

　以上から、歩けば認知力の向上につながっていく。また、加齢によって衰えやすい領域を強化して補う。例えば、注意力散漫になっている心を注意深いものにさえするのだ。

　身体活動が創造性を高めることをいくつかの研究が示していて、スタンフォード大学の研究から、特にウォーキングが効果的であることがわかっている。何もない壁に面したトレッドミルの上を歩く場合でも、川沿いにある緑豊かな道を歩く場合でも、座って同じ時間を過ごした場合と比べて、創造性が平均で60％も向上するのだ。そうなるまでにかかった時間はわずか10分だ。

　ある問題を解決しようとしてもうまくいかず、散歩中に答えが浮かんだ経験を持つ人なら、この研究は驚くものではないだろう。ビジュアルアーティスト、作家、音楽家には、体を動かして脳をジャンプスタートさせる人も多い。ウォーキングしたからといって、次のパブロ・ピカソになれるわけではないが、生産性を高めるだけでなく、加齢に伴う脳への悪影響の回避に役立つことは確かだ。

体を動かしているときの脳

●**思春期前の子供の脳にウォーキングが与える影響**

　静かに座っていた 20 人の子供と、20 分間歩いた 20 人の子供に同じテストを受けさせ、血流状態を平均した合成図

静かに座っていた後に
テストを受けた脳

20 分間歩いた後に
テストを受けた脳

出典：イリノイ大学の C. H. ヒルマン博士による研究（2009 年）

メリット6　ストレスを軽くする

　仕事上、私たちは興味深い人に会う機会がある。そのうちの1人が、99 Walks という会社を設立したジョイス・シュルマンだ。定期的なウォーキング・クラスや世界中のウォーカーをバーチャル世界でつなぐアプリを通じて、同社は人々が外に出て（またはトレッドミルに乗って）歩くことを奨励している。つまり、ジョイスには多くのウォーカーの心の中を覗く機会がある。そこで、実際に歩いている人たちがウォーキングによる最大の利点について何と言っているか尋ねると、彼女はすぐに「ストレスが軽くなることね」と答えた。「ウォーキングをする人のほとんどが、歩くと気分が良くなると感じている」とジョイスは言う。ジョイス自身、難産で第一子を出産した後、気分が晴れない毎日を送っていた。しかし、外に出てウォーキングすることで人間らしさを取り戻すことができたと述懐する。

　多くの理由が考えられる。前述した抑うつとか不安レベルの低下もそうだろう。他の運動と同様、ウォーキングもストレスホルモンに影響を与える。副腎で生成されるコルチゾールとアドレナリンは、危険（接近してくる大きな犬、怒り出した上司、嫌なことがあった日の混乱など）に遭遇したときに、体を闘争／逃走モードに移行させる働きをする。ストレスを感じているとき、血中のコルチゾールとアドレナリンのレベルが高くなるのだが、長めの散歩をすると、これらのホルモンレベルが下がりストレスが和らぐ。**セロトニンの他にも、同じく気分を良くするエンドルフィンが分泌されることも心を軽くする一因になっている。**

心がけたい動きと習慣

意図的なウォーキングとより多く歩くための戦略

　1日に8,000〜10,000歩を歩くことを習慣にする。しかし、歩き方について、必要となる知識を示したい。また、鼻呼吸ウォーキングと、ラッキング（歩きながら物を運ぶこと）についても説明していく。

散歩のタイミングや時間について、
神経質になる必要はない

　散歩のタイミングや歩く時間的な長さについてのルールはない。とにかく歩数をこなすこと。朝歩くことにはいくつかの利点がある。目が覚め、その日に備える準備ができる。朝日を浴びれば概日リズムがととのって睡眠の質が上がる。

　とはいえ、ウォーキングに「最適」な時間がいつかに悩むのではなく、歩く時間をいつ取れるか自問したほうが、習慣化できる確率が高くなる。時間的な長さについて言うと、1日8,000〜10,000歩を達成するには、思っているよりも長く歩くことになる。**カロリーを消費するため、あるいは心肺機能を高めるために早歩きする場合は、少なくとも20分間心拍数を上げることを目標にする。**

足の位置を確認する

　歩くときも体を最適な状態に組織化したい——それは、体全体が整って、どこかに過度の圧力がかかっていないこと、つまり不均衡がないことを意味する。足をまっすぐ前に向けて歩くことがすべてだ。"リファレンス・フット・ポジション"と呼ばれる基準となる足の位置から始めればそうなる可能性が高くなる。このニュートラルな姿勢になるには、腰幅に置いた両足をまっすぐ前に向けて心地よく立ち、体重の50％を母指球（足の裏の親指の付け根）、残りの50％をかかとにかける。

　また、下を向いたとき、足首が足の中央にあり、内にも外にも、前にも後ろにも倒れていないようにする。足首がどこかに傾いていたり、膝が内側に傾いていたりする場合は、中間位置を探しながら歩く。踏み出すたびに足の位置を確認するのは奇妙な感じがするかもしれない。しかし、定期的に"リファレンス・フット・ポジション"に戻せば、より良い歩き方を脳に教え込むことができる。

　歩いているときの足は、たいしたことをやっていないように見えるが、

実はたくさんの動きが起こっている。足をまっすぐ前に向けて歩くよう努めれば、自然な力学が働き、より力強く歩けるようになる。ちょうど自分の腰幅の広さがある細い道の両端を歩いていると想像するのも効果的だ。続けていれば"リファレンス・フット・ポジション"が習慣化し、歩行姿勢が改善されていくだろう。

リファレンス・フット・ポジション
足首が真ん中にある

足首が内側に入りすぎ

足首が外側に出すぎ

靴（裸足）について考える

裸足で"リファレンス・フット・ポジション"に立つと、どんな感じがするか体験してみよう。そこで、普段履いている靴を履いてみる。足裏にどんな感覚入力があるだろうか？　靴を履いても"リファレンス・フット・ポジション"にいるだろうか？　かかとに50％、足の甲に50％の体重がバランスよく乗っているだろうか？　靴があなたをある方向へと誘導していないだろうか？　靴が窮屈でつま先がつぶれていないだろうか？

多くの人が、靴底が奇妙なほど厚い靴やヒールの高い靴を履いて歩き回っている。それは"リファレンス・フット・ポジション"を崩すだけ

でなく、足から脳へと向かう感覚入力を届きにくくさせる。可能な限り、裸足でいる時間を増やしてほしい。鋭利なものが落ちていない場所であれば、靴を履かずに歩くことは安全であり、健康的なことでもある。

　何を履くかについて言えば、**できるだけ平らな靴を選ぶこと、つまり足に負担をかけない靴を選ぶこと**が大切だ。かかとと母指球を同一平面上に置くことができるので、最適なバランスが得られるからだ。足を風雨から守ってくれる必要最低限のパッドが入った靴が好ましいということだ。新しい靴を買う時期が来たら、許せる限りミニマルな靴を選ぼう。試し履きをするとき、"リファレンス・フット・ポジション"が取れるかテストすることを忘れずに。

　ハイヒールをこよなく愛する人がいることは承知しているし、その気持ちも理解できる。しかし、足のことを思うなら、できるだけ履かないようにしたい。ヒールによって生じるアンバランスは、アキレス腱やふくらはぎの筋肉にストレスをかけ、トラブルを招いたり、今あるトラブルを悪化させたりする。

　私たちの友人に、ひどい骨盤底筋の機能障害を患っている女性がいた。動いたり、くしゃみしたりすると尿が漏れることもあった。身長が157センチのエグゼクティブで、ハイヒールを履かないと裸で歩いている気分になるという。ハイヒールは彼女のアイデンティティの一部なのだ。

　ところが、パンデミックの間、自宅で仕事することを余儀なくされ、ハイヒールをやめてフラットなテニスシューズで過ごすことになった。その結果、骨盤底筋機能障害の症状が大きく改善した。普通、ハイヒールと尿漏れが結びつけられることはないが、彼女の例は足が体全体にどれだけ影響を与えているかを示している。

　ビーチサンダルはどうか？　絶対ダメだ。私は、物議を醸す内容をインスタグラムにたびたび投稿してきたが、ビーチサンダルを履くなと言ったときほど炎上したことはない。

　プールやビーチで、ちょっとビーチサンダルを履くくらいならいい。

しかし、ビーチサンダルを履いて遠くまで歩くと、痛い目を見ることになる。足の親指が曲げられないので、足裏全体で地を押すことになるからだ。その代償は、足底筋膜（かかとの骨とつま先をつなぐ組織）や足首の硬化であり、その状態が続くと、ひどい痛みにつながる。スライドシューズでも同じことが起こる。

３つのウォーキングスタイル

前述したように、早歩きすると、カロリーを消費させたり心肺機能を向上させたりする利点がある。しかし、**大切なのは歩くという行為そのものにある**。ここでちょっとしたアイデアを紹介したい。

１．鼻呼吸ウォーク

二酸化炭素耐性（54 ページを参照）を向上させるウォーキングスタイル。ウォーキングを始めたら、鼻呼吸に変える。10 秒くらいかけて、できるだけ長くゆっくりと息を吸い込む。その息を吐き出さずにできるだけ長く保って歩き続ける。その後、鼻からゆっくりと息を吐き出す。二酸化炭素耐性に応じて、1 ～ 2 分おきにこの呼吸を繰り返す。ウォーキング中の一定時間だけそうしてもいいが、できれば全行程で続ける努力をしてほしい。

２．毎日３回の散歩

時間に追われている人でも、10 分間のすきま時間ならあるだろう。**長いウォーキングを目指すのではなく、分割して歩く**。例えば、食後に10 分間ずつ歩くようにする。

３．裸足で歩く

60 年代から 70 年代にかけて、ヒッピーたちは何も履かずに地球上を歩き回っていた。しかし、それ以来、靴を脱いで歩くことはほとんど忘

れ去られてしまった。私たちはその復活を望んでいる。靴を履かずに歩くと、たくさんの感覚が足にインプットされるようになる。足そのものが鍛えられる利点もある。アキレス腱や土踏まずといった足の構造に、靴が負担をかけることもなくなる。ガラスや鋭利な破片が落ちていない安全な場所を探して、週1回、裸足でウォーキングすることをお勧めしたい。家の中や裏庭では、できるだけ裸足で歩くようにするのもいい。

ラッキングについて

　人類学者たちは、私たちが直立歩行になったのは、四つん這いのまま食料を探すよりもエネルギー効率が高かったからだと考えている。チンパンジーをトレッドミルの上に置くと、四つん這いになって前に進む。このとき、チンパンジーは、直立して歩く人間よりも75％も多くのエネルギーを使っている。二本足で歩くほうが楽なのだ。

　二足歩行に進化したのは何かを運ぶためだったとする、似たような説もある。両手が空くと、食糧や道具、さらには人間まで運べるようになるので、私たちの生活を飛躍的に向上させることにつながったのは間違いがない。さらに、二足歩行によって、背骨や足に負荷を安全にかけることが可能になった。

　以上を念頭に、ラッキングを紹介しよう。**ラッキングとは、バックパックにおもりを入れて歩くことだ。**ラッキング（rucking）という用語は、バックパックを意味する軍事用語「リュックサック（rucksack）」に由来し、一歩当たりの効果を高める優れた方法だ。短い時間でランニングと同等の運動量を費やすことができる。

　バックパックを背負ったり、ブリーフケースを持ち運んだりすることは、すべてラッキングになる（機能性の面から、体全体に荷重を分散するバックパックとか肩掛けバッグをお勧めしたい。片手で持てるバッグを左右頻繁に持ち替えてもいい）。**体にラッキング効果を加える最も簡単な方法は、缶詰や本など身の回りにあるものをリュックサックに放り込んでウォーキングに出かけることだ。**

また、旅行するときは、バックパックを背負ったり、ダッフルバックを肩にかけたりするスタイルにする。ラッキング専用につくられたギアもある。米陸軍特殊部隊にいたジェイソン・マッカーシーと、彼の妻で元CIA職員だったエミリー・マッカーシーが経営するGORUCK社は、ウェイトプレートなどを収納できるバックパックを販売している。そのジェイソン・マッカーシーがラッキングについてうまく要約している。**「筋トレと有酸素運動を1つにしたのがラッキングだ。それは、ランニングが嫌いな人のための有酸素運動であり、リフティングが嫌いな人のための筋トレだ」**と。

もっと歩くための9つの戦略

- **電話するときは歩く。**個人的な電話や仕事の打ち合わせの電話をかけるときを歩く機会にする。

- **オフィスにいるときは、直接会ってコミュニケーションするようにする。**電話をかけたりネットを使ったりするのではなく、歩いて相手に会いにいく。

- **犬と散歩する。**イギリスの研究によると、犬を飼っている人はそうでない人と比べて、1日あたり22分多く歩いている。近所の犬を借りてもいい。余分な外出を楽しまない犬はいないだろう。

- **歩いて学校の送り迎えに行く。**安全な道であれば、自分の歩数を稼げるだけでなく、子供を健康にするうえでこれ以上の習慣はない。

- **外出中は、エレベーターなどを使わずに階段を使う。**ウォーキングに行かなくても、階段を使えば歩数を稼げることを思い出してほしい。その一段一段が、その日の歩数を増やす。

- **買い物に出かける。**私たちは、あらゆるものをオンラインで注文することに慣れてしまった。しかし、あれこれ吟味しながら通路を歩き回れば、侮れない歩数をカウントできる。

- **目的地から離れた場所に駐車するか、公共交通機関であれば数駅前で降りる。**目的地の玄関先まで交通機関を使わなければならないという

ルールはない。慣れ親しんできたその習慣を変えてみる。目的地までの全行程を歩くことは無理かもしれないが、一部なら可能だろう。

- **待ち時間を利用して歩く。**誰かを医者や歯医者に連れて行ったとき、待合室で待つのではなく、その時間を使って歩く。同様に、子供の競技会で休憩時間になったら、会場の周りを歩き回る。レストランで待たなければならない場合は、携帯番号を渡し、テーブルの準備ができたら電話してもらうようにする。その間、店の周りを探索する。

- **家の周りを歩く。**外の空気が悪いので、家の中を歩き回って、歩数を増やしている人の話を聞いたことがある。前立腺ガンと診断されたトゥデイ・ショーのお天気キャスター、アル・ローカーも、寒い日は、家の中を歩くようにしている。屋内に留まっていた方がいいかどうか判断するうえで、お天気キャスター以上の適任者はいないが、あなたも予報をチェックして、雨になりそうなら屋内で歩けばいい。金銭的に余裕があればトレッドミルを購入するのも1つの手だ。

バイタルサイン **5**

首と肩が自由に動くか？

自分の体を評価してみよう
☐ パート１：腕上げテスト
☐ パート２：肩の外旋テスト

心がけたい動きと習慣
☐ 肩の屈曲、背中上部と回旋筋腱板の可動性をよくする練習

　バイタルサイン３でお話した空港での全身スキャナーを覚えているだろうか？　危険物を持っていないかチェックするその場所に戻り、今度は股関節ではなく、首と肩に焦点を当ててみよう。すると、頭の上に両腕を数秒間上げるために、首を伸ばしたり、体を歪ませたりしている人が少なくないことがわかる。腕を頭上に保つことはおろか、腕を上げること自体が大変な作業になっているのだ。それは、何かの喪失を示している。**失くしているのは肩の可動域だ。**

　肩と、その隣にある首、さらに胸椎（脊椎の中の背中部分で 12 の骨がある）は、痛くなったり、今までできると思っていたことができなくなったりするまで、ほとんど注目されることがない。犬と遊ぶためにボールを投げようとしたり、子供を肩の上に乗せようとしたり、頭上にある荷物入れにスーツケースを持ち上げようとしたときに、何かが変だと

感じる。そして、腕を伸ばしたり上げたりすることが難しくなっていることに気づく。水泳やウェイトトレーニングを始めようとしても、最初の段階でつまずくことになる。キャンバス相手に絵を描こうとしても、長く腕を上げていられなくなる。肩の可動域が限られると、セーターを頭からかぶったり、髪を洗ったりするときにも不快感を覚えるようになるだろう（実際、これは、多くの高齢者が体験していることでもある）。肩の可動域を保つ動作を心がけていれば、こうなる未来を避けることができる。

　私たちは私たちの先祖のように、槍や石を投げて動物を狩ったり、木に登ったりしなければサバイバルできない世界にはいない。肉体労働に就いている人、水泳をやっている人、腕を上げるエクササイズ（例えばオーバーヘッド・プレス）をやっている人でない限り、肩に負荷をかけることがない毎日が過ぎていく。

　ヨガの動きに「ダウンドッグ」と呼ばれるものがある。両手両足を床につけ、お尻を突き出し、三角形をつくるのだが、その時に肩を動かす動作が大切になってくる。座っていることが多い現代では、前方に体が丸まっていきやすいので、この動作の必要性はさらに高まっている。

　首が使われることも少ない。コンピュータやテレビの画面を、首を動かすことなく正面からどれほど長く見つめているか考えてほしい。クルマにバックカメラが付いていれば、駐車するときに振り返って肩越しに確認することもない。携帯電話やノートパソコンを見ようと下を向けば、少なくとも首を少し下向きに動かしている。しかし、何事にも言えることだが、やり過ぎは禁物だ。首がその位置に固定されて硬化していくからだ。その結果、首を回したときに痛みを感じるようになる。

　首が痛むようになる原因はさまざまだ。効率的な呼吸をしていないとか、子供の大学受験が心配で夜中に歯ぎしりをしているとか、配偶者が困った人で、そのストレスからいつも首呼吸になっている人もいる。中でも多いのは、**肩の機能不全を原因とする首の痛み**だ。以前にも指摘し

たように、すべてはつながっている。体は、連動する"部分"が集まったシステムであり、特に、首と肩は密接につながっている。一緒に動くことが多いので、首に痛みを抱えた人が私たちを訪ねてくると、まずは肩の可動域を調べるようにしている。

体は常に変化していて可動域も例外ではない。赤ちゃんを産んだ経験がある人なら、可動域がどれだけ変化し、そして元に戻るかに驚いたことだろう。海外のマラソン大会で走って広がった可動域が、帰りの飛行機の長旅でどれだけ狭くなることか。大学院で論文をひたすら書き続ける2年間を過ごすと、最後に「うわ、前とは違う体になっている」とびっくりするはずだ。変化しやすいという可動域の特質を理解できれば、肩や首の動きを取り戻す方法がわかる。「再野性化せよ！」だ。

首と肩周りの構造は複雑だ。そこにはさまざまな問題が起こり得る。オリンピックレベルの体操選手には肩のリハビリを専門とする人が付いているし、メジャーリーガーの肩と首のトラブルに限定して仕事する医療関係者もいる。

この章の目的は、肩の基本的な仕組みを学び、取りうるすべての位置に肩を動かせるようにすることにある。つまり、首や肩に起こりやすいトラブルを未然に防ぐことだ。加齢に伴って、すでに、回旋筋腱板損傷や五十肩のような症状が現れている人がいるかもしれない。痛むようになっている肩や首が、この先で紹介するモビライゼーションをやることで治癒するかどうかは、状態次第になる。改善しないときは、医師を訪ねてもらうしかない。

なぜ可動域が必要なのか？

ドイツにある薬局チェーンの DocMorris が、数年前に印象的な広告を流していた。夜明け前にベッドから起き上がった老紳士が、家族の写真を寂しげに眺めるところから、それは始まる。パジャマとローブに身を包んだまま、よろよろと物置部屋へと向かった彼は、古びたケトルベルを探し出す。持ち上げるのがやっとだ。その後、毎日、毎日、早起きしてケトルベルを持ち上げる練習をする。危険だと警告する隣人たちの声を無視してその習慣を続ける。

徐々に、ケトルベルを高く上げられるようになっていき、動画が終わりに近づくと、老紳士はドレスアップして包みを手にしている。娘の家でのクリスマスパーティに出席するためだ。幼い孫娘がその包みを開けると、プレゼントはツリーのてっぺんに飾るための大きな星だった。孫娘を抱き上げた老紳士が、ツリーのてっぺんに届くようその子を高く掲げる。「人生で大切なことを心がけよう」というキャッチコピーで締め括られる。

私たちは、なぜ健康でいるべきかという視点を失いがちな世界に生きている。見栄えを良くするため？ 競争心を満たすため？ どちらの動機も悪いことではない。しかし、**自分自身と愛する人のために強く健康であること以上の理由はない**。肩を回す運動をやったりウォーキングしたりするのが億劫だと感じる日には、この話を思い出してほしい。ベッドから起き上がる動機にできるかもしれない。

> 自分の体を評価してみよう

パート1：腕上げテスト
パート2：肩の回転テスト

肩の可動性を左右する2つの要素を評価する。最初は肩の屈曲だ。腕を頭上に上げて後ろに動かしたときに、どこまで動くかだ。エンドレンジ（もともと備わっている可動域内で最も遠い点）に近づくかをテストする。2つ目のテストでは、肩の外旋（体の外側への回転）を評価する。こちらは、肩を後ろに回したときにエンドレンジまで動かせるかを問うものだ。

柔軟性がどれだけあるかを測るテストのように思えるかもしれない。しかし、ここで評価するのは、エンドレンジまで達する能力であって、プロの体操選手のような動きをするための能力ではない。どちらのテストも、現時点での可動域を確認すること、その可動域をうまく使いこなせているかを確認することを目的にしている。

パート1　腕上げテスト

単純に両腕を頭上に上げるよりは少し手が込んでいるが、それでも簡単に試せるテストだ。

準備

補助具が必要になる。60〜90センチの長さがある塩ビパイプが理想だが、なければ、ほうきの柄などの軽い棒のようなものでも十分だ。それもない場合は、丸めたタオルを使うか、手に何も持たずに行う。

テスト

床にうつ伏せになり、両腕をまっすぐ伸ばし、両手で塩ビパイプを持つ。親指を天井に向け、パイプを親指と人差し指の間の溝に置く。額と腹を

床につけたまま、両腕をまっすぐ並行に伸ばし、親指を立てたまま、両腕をできるだけ高く上げる。"息を吸う、息を吐く"を5回繰り返し、その間、姿勢を保つ。息を止めたり、肘を曲げたりしないようにする。

親や祖父母に「背筋を伸ばして座りなさい」と言われたことがある人には、難しい動作かもしれない

結果が意味するもの

　肩周りにどんな感じがしただろうか？　このテストをやると、どれだけ両肩が硬化しているか知ることができる。

■ **腕が上がらない**

　腕を頭上に上げる機会が少ないことが原因だろうが、肩の可動域が狭い状態にある。「心がけたい動きと習慣」をやるようにすれば、すぐに改善できる。

■ **床からパイプが上がるものの、維持できなかったり、うまく呼吸したりすることができない**

　わずかでも動いたことを励みにしよう。努力すれば、少しずつ高くまで上げられるようになる。

■ **床から3～5センチ**

　肩を屈曲させることはできるが、その姿勢が自分のものにはなっていない段階だ。少し疲れているとキープできないかもしれない。練習すれば、エンドレンジに届く。

■ **床から5センチ以上離れている**

　すばらしい。肩を屈曲させるうえで何の問題も抱えていない。今の可動域を維持するために、「心がけたい動きと習慣」で説明するウォール・ハングをときどきやってほしい。

いつ再テストすべきか？

週に一度。

パート2 肩の回転テスト

距離を測れないため、腕上げテストよりも主観的な計測になる。両腕を床につけ、どれだけの"力"で押し下げることができるかを評価する。この"力"という言葉を誤解しないでほしい。これは"強さ"を測るテストではなく、**パワーを生み出す可動性があるかどうかを測るテストだからだ。**

ほとんどの人は、日常生活に必要な筋力を備えて生まれてくる。しかし、筋力は筋肉だけで決まるものではない。関節をどれだけうまく動かせるかにも左右される（上腕二頭筋がどれだけ立派でも、関節を曲げなければ力は生まれない）。今の生活にパワーは必要ないと思うかもしれないが、それは程度問題であって、肩にパワーがなければ何かを持ち上げることはできない。肩を動かすうえで大きく関与しているのが回旋筋腱板（肩と上腕部を結ぶ4つの筋肉の総称）だ。回旋筋腱板の機能性を高めると、肩の効率性、安定性、耐久性を大幅に向上させることができる。

準　備

床に十分な空きスペースがあればいい。手首から時計やアクセサリーを外す。

テスト

床に仰向けになり、膝を曲げ、両足裏を平らにして床に置く。両腕を横に出し、肘を90度に曲げ、手のひらを上に向ける。次に、肩を後ろに回し（これは微妙な動きになる）、手首と手の甲でどれだけ強く床を押せるか確認する。吸って吐いてを5回繰り返しながら押し続ける。息を止めないようにする。

それぞれの肩の回旋筋腱板は、完全に、そして
力強く回すことができる必要がある

結果が意味するもの

採点はできない。後ほど紹介する「心がけたい動きと習慣」を行った後のパワーと比較できるように、このテストでどれだけパワーを出せたか覚えておく。

いつ再テストすべきか？

回旋筋腱板モビライゼーションは肩の回旋に劇的な影響を与える。このモビライゼーションを試した直後に肩の回転テストを行い、その効果を実感してほしい。その後、1週間かけて「心がけたい動きと習慣」を行い、再テストする。さらに1週間後にもう一度テストする。その後は必要に応じてテストして、肩の状態が改善しているかどうか確認していく。

タコと貝殻とC字の体

世の中には、肩幅が広い人もいれば、肩が傾いている人もいる。1980年代には、肩を強調する肩パッドというファッショナブルなトレンドもあった。外見的な意味はさておき、肩にどんな役割があるか知っているだろうか？　それがわかれば、肩が、なぜ体の他の部分との関係で重要なのかを理解するのに役立つ。

三角形のような形をしている肩の骨（肩甲骨）は、背中の上部に平らに横たわっている。この骨の側部はソケット状の穴になっていて、そこ

に、最上部がボール状になっている腕の骨（上腕骨）がはめ込まれる仕組みになっている。

　肩甲骨と上腕骨を支えて安定させ、自由に腕が動くようにしているのが、回旋筋腱板と呼ばれる筋肉と結合組織のネットワークだ。

　話をわかりやすくするために、肩甲骨を貝殻、回旋筋腱板をタコに例えてみる。肩甲骨と回旋筋腱板の関係が、ちょうど、貝殻（肩甲骨）の中に頭を突っ込んだタコ（回旋筋腱板）に似ているからだ。貝殻の中からタコ（回旋腱板）が「足」をたくさん伸ばして、上腕骨を動かしている。上腕骨を操縦したり、安定させたり、回転させたりしているのがこの回旋筋腱板だ。複雑でさまざまな動きをこなせる腕は、まさに回旋筋腱板によってコントロールされている。

　現代人の姿勢上の問題点。それは、コンピュータに向かって何時間も仕事をすることで、肩が前方に引っ張られて、背中の上部が丸まってしまうことだ。体がCの形になっている時間が習慣化していることが、貝殻とタコの関係をおかしくしている。貝殻が前方に引っ張られている時間が長くなるので、タコ（回旋腱板）のほうも、足の一部を長く伸ばし、別の足を短くすることで、その姿勢に適応している。その結果、C字の体から解放されたときに上腕骨をバランスよくつかめなくなる。

　実際にどうなるか理解したかったら、肩を前かがみにし、片腕を上げてみよう。うまく上がるだろうか？　次に、大きく息を吸える姿勢になり（これは間違いなく、Cの姿勢をやめることを意味する）、もう一度、腕を上げてみる。違いがわかるだろうか？　**Cの姿勢を正すと、タコ（回旋筋腱板）がよく動くようになる。大きく息を吸える姿勢になれば、腕を上げるだけでなく、腕を使ったすべての動作がスムーズに行える**だろう。

　C字の体は机にしがみついている人だけがかかる呪いではない。スポーツにもC字の姿勢で行うものがある。例えば、筋力トレーニングのローイングをするときは丸まった姿勢になりやすい。同じ漕ぐにしても、

優れたボート選手は、上半身を直立させた姿勢で漕ぐ。大きな力が出るだけでなく、ケガをしにくくなるからだ。内側に丸まった姿勢で漕いだため、筋肉が肋骨を引っ張って骨折した漕ぎ手を私たちは何人も見てきた。何をする場合にも、C字の体になることは避けるように心がけたい。

　肩の話には続きがある。肩甲骨には僧帽筋も付着している。僧帽筋は、頭の付け根・首のてっぺんから、肩甲骨を横切って、背中の半分のところまで伸びている筋肉だ。僧帽筋は鎖骨にも連結していて、肩をすくめたり、頭を左右に動かしたりするときに使われている。首の重さを支えているのがこの筋肉だ。そのため、肩が前に出る姿勢を続けると、首の重さによって僧帽筋が酷使されることになる。その結果が、背中の上部のハリや不快感、痛みになる。この状態が長く続くと、僧帽筋そのものの機能低下も招くだろう。

　首と僧帽筋にとって脅威となるのが頭の位置だ。頭は体重の10パーセントほどの重さがあり軽いものではない。体がきちんと整えられ、頭が首の上で完璧なバランスを保っている限り、それを重荷と感じることはない。赤ちゃんでさえ、ある時期がくれば小さな頭を持ち上げることができるようになる。

　しかし、いつもスマホに視線を落としていたり、C字の体にしていたりすると、首だけでなく頭も前に突き出ることになる。頭が3センチ前に出るごとに、あなたの頭はあなたの首に約5キロの荷重を加えていく。この状態に適応するために、首や肩にある筋肉とか僧帽筋が硬くなっていく。なぜかというと硬くなったほうが、重い頭をいつもの位置に保ちやすいからだ。

　問題を解決するために、体はあらゆる知恵を絞って対処するが、通常は機能的な反作用がある。それではダメだという体からのシグナルが、ハリや不快感、痛みとなって現れる。ここで、頭を前に突き出して肩越しに後ろを見てみよう。後ろまで見えるだろうか？　頭を前に出す習慣を正さないと、いつかは、文字通り首が回らなくなっていく。

腕を上げるために：個人的な物語

2019年初め、両腕を頭上に上げることができた私（ジュリエット）は、それが、ホワイトウォーター世界選手権で優勝したこと、子供を出産したことに匹敵する人生の成果だと感じていた。この単純な動きにはそれほどの意味があった。その1カ月ほど前に乳房再建手術を受け、さらにその2週間前に両乳房切除術を受けていたからだ。腕を上げられるようになって、しばらくして懸垂もできるようになった（最初はぶら下がるだけだったが）。肩の可動域にこれほど感謝したことはない。

ステージ1Aの乳ガンと診断されたのは2018年末だった。以前からしこりやこぶがいくつかあったので、主治医は10年ほど前から私の乳房を定期診断していた。そして、ある日の検査で"それ"が見つかった。私のガンは治療しやすいもので、手術は必要だったが、化学療法や放射線療法をやらなくてもよかった。その点では幸運だったと思う。

私の乳房には奇妙な病歴があり、ガンが再発する可能性を否定できなかった。そのため、両乳房切除術と再建手術を受けることにした。健康だったので、2つの手術を2週間でできると判断された。私が手術を受けたときから、技術はさらに進化している。最近、友人の一人も乳ガンになったのだが、2つの手術をほとんど同時に行っている。しかし、どれほど進化しようが、肉体的にも精神的にも負担の大きい手術であることに変わりはない。

近い時期に2つの手術を受けることの副作用の1つが、腕の可動性の喪失だ。頭上に腕を上げることがとても困難になる。乳房切除と再建をした別の友人は9カ月経ってもまだ腕を上げることができなかった。私はそんなに長くかからないようにしたかった（その友人は時間

をかけて可動性を取り戻すことができたが、かなりの努力が必要だった)。

腕を上げにくくするのは、実際には、胸壁の筋肉（大胸筋など）と結合組織の問題だが、肩の可動性の良さが、元の状態に戻すのに役立ったと確信している。多くの人から「わあ、治るのが早かったね。でも、あなたは普通の人とは違う。私が同じ手術を受けたとしても、そんなに早くは治らないわ」と言われたのが印象的だった。

ところが、私は特別ではない。他の人と違う治癒能力を持っているわけでもない。みんなと同じで、死を免れない人間だ。そう、私は簡単なモビライゼーションを行い、手術による筋肉の衰えを減らすためにできるだけ睡眠をとり、タンパク質の摂取量を増やすことを意識していただけだ。

手術からの回復を早めるうえで何か違う点があったとすれば、すぐに動き始める決断を下したことだと思う。それが回復の鍵になった。手術を受けてから48時間以内に、エアロバイクに（ハンズフリーで）乗っていた。毎日歩いた。脚は動くのだから、自転車とウォーキングでいいじゃないか、というわけだ。

体組織を改善するためにすぐに呼吸法も始めた。医師からは「6週間後からにしてね」と言われたが、ごく軽いウェイトを使って、ゆっくりと腕を上げる試みも始めた。これは私がエクササイズに執着しているからでも、太ることを心配していたからでもない。**動かせば血流が増えて治癒が促進されること、動かさないと可動域が狭くなることを、仕事を通して知っていたからだ。**可動域を失うことを回避するために、とにかく動いて、動いて、動き続けた。

当然のことながら、医師は手術後の患者には安静でいてほしいと願っている。しかし、極端に臆病になり、自分に対して過保護になる患者もいて、その後の3カ月間を棒に振って運動能力を完全に失くすこともある。私の経験から言えるのは、医師の意見を聞きながら前に進んだほうがいいことだ。もちろん、何か「おかしい」と感じたら、す

ぐにやっていることを止めた。体が発する声に耳を傾けながら、すべてをゆっくりと進めていった。

　理想は、ガンにならないことだ。しかし、私たちの40パーセントがある時点で罹患すると言われている。また、生涯のうちに、他の予期せぬ健康関連の挫折を経験する可能性もある。**体の耐久性が高ければ高いほど、困難を乗り切るのが容易になる**。私は人生における破滅的な出来事ではなく、短期間の試練としてガンを乗り切ることができた。幸運だったが、自分の運を自分で切り開いた自覚もある。

肩と首のナゾを解決する

　体に起こる多くの不具合と同様で、肩と首の問題を解く鍵になるのが呼吸だ。大きく息を吸える姿勢になっていること——それは、筋肉や関節の機能が妨げられることなく、最大限の働きができるように体が整えられている証拠になる。バイタルサイン2で「組織化」について説明したことを覚えているだろうか？　私たちは「姿勢」よりも「組織化」という言葉を好む。実際、スポーツや日々の動作には、「完璧な姿勢」で行えないものがある。人それぞれ、ベストな「姿勢」はあるだろう。しかし、万人用の「完璧な姿勢」はない。

　一方、「組織化」は、深く完全な呼吸ができ、エンドレンジまで体を動かせる状態を意味している。私たちは、あなたにエンドレンジを回復してもらいたいと考えている。それが、この本で紹介するすべてのモビライゼーションが目指しているところだ。

　背中が丸まったC字の体が、良い呼吸や可動性を妨げることは明白だ。Cの姿勢で腕を上げる場合と、まっすぐにした体で腕を上げる場合の違いを思い返してほしい。本来の力が弱いのではなく、体をその形にすることで、まるで弱い人のように、効果的で力強い動きができなくなるのだ。バランスが取れた形に体を「組織化」すれば、肩や腕の動きが良くなり、その結果、首にかかるストレスも軽くなるはずだ。

　Cの形がもたらす弊害は他にもある。Cの形でしか、体がうまく動かなくなることだ。肩・首・胸椎は3つのシステムで機能的に統合されている。1つ目のシステムは、肩甲骨、脊柱、関節から成る骨構造だ。2つ目は筋肉系で、胸筋、上腕二頭筋、上腕三頭筋、僧帽筋といった主力筋だけでなく、脊椎を安定させたり、空間内のどこに体が位置しているかを認識させたりする椎骨間の小さな筋肉も含まれる。3つ目のシステムは、筋膜などの結合組織で、筋肉や臓器を取り囲み所定の位置に保つことで私たちの動きを助けている。前かがみのCの形を長時間続ける

ことは、これら3つのシステムにぶら下がり続けることを意味する（海軍特殊部隊にいる友人は、Cの形になっていることを「肉にぶら下がっている」と表現する）。セーターを引っ張るようなものだ。セーターを、頻繁に長い時間引っ張ると、形や弾力性が失われていく。体を温かく保つという本来の機能は果たせるが、体にフィットしていたときと比べると、効果が発揮できなくなる。

この3つのシステムにいつもぶら下がっていると、システムのほうが適応する。Cの形がデフォルトになり、（コンピュータに向き合うこと以外の）興味があることすべてをやりにくい体に変わっていく。だからこそ、最大限の注意を払うべきなのだ。痛みを感じなければいいと思うかもしれない。「痛くないから問題ないよ」と。しかし、あなたは一生を通じて体を動かすことになる。リタイアしてもさまざまなことにトライしたいだろう。そのためには、そこにぶら下がるのをやめて、いつも体を組織化していたほうがいい。

次の点も指摘しておきたい。時には、「組織化した体」で1日を過ごすことができない場合がある。それが許されない仕事もある。座り心地が悪いデスクに8時間縛られる受付係など、"座ったまま"その姿勢から逃れられない人もいるだろう。いつも完璧に「組織化」できないとしても大丈夫だ。この章の「心がけたい動きと習慣」はそのためにある。確かに、Cの形になる時間が少ない人より頻繁に行う必要があるだろう。ずっと一方向に進んでいるタンカーと同じで慣性が生じるからだ。しかし、モビライゼーションを熱心に行えば、Cの姿勢による影響を軽くできるし、自由に動く体へと方向転換することができる。

すでに首に痛みがあるとしたら？　どこかが痛むときは、痛む部分にどこがつながっているか調べることが解決につながりやすい（Xページで、痛みの原因を突き止めるための上流／下流アプローチについて詳しく説明している）。前述したように、首と肩は対になっているので、肩

に焦点を当てることが首の痛みの解決になることが少なくない。

デンマークの研究者たちが、首に痛みを感じている94人の女性を対象にした研究を2008年に行っている（注目すべきことに、そのうちの79パーセントは、1日の大半をキーボード相手に作業していた）。論文の中で、研究者らは、首と肩に対する筋力エクササイズによって痛みが75パーセント軽減されたと述べている。首と肩に対する筋力エクササイズと呼んでいたが、論文をよく読むと、実際は、肩を対象にしたアイソメトリクスだった。

ここからわかるのは、**肩に働きかければ、首の痛みが軽くなる可能性が高いことだ。**首の痛みを治そうとするとき、ほとんどの人が首をストレッチするが、肩へのアイソメトリクスが首の調子を改善する方法になるということだ。筋肉が硬くなったり可動性が低下したりする理由の1つは、（頭を左右に動かさないといった）ある動きを長期間行わないでいると、それをしようとしたときに脳がブレーキをかけるようになるからだ。脳は、あなたにそうできる可動域があるとは思っていない。アイソメトリクスは、そう動かしても大丈夫であることを脳に思い出させ、その部位本来の機能を回復させるのに役立つ。

肩の可動性は、腕の回転を増やすと向上させることができる。ほとんどの人の日常では腕を前方に回す機会が多い。しかし、後方に回転させる（外旋）ことがあまりない。そのため、腕をソケットの中でわずかに後ろに回転させてやるとリバランスされて、腕本来のパワーを引き出しやすくなる。

以前、オリンピックで金メダルを獲ったボブスレー選手に肩の外旋トレーニングを指導したことがある。その結果、選手とソリのつながりが強固なものになり、スピードを上げることができた。この選手のように時速140キロでボブスレーのシュートを駆け下りることが目的でなくてもいい。**腕に力が入るようになれば、ショッピングカートを押すときや、**

床から体を押し上げるときまでの、どんな動きにも役立つものになる。

腕の外旋は毎日実践できる。上腕が肩に当たる位置（上腕と肩の境目）で腕をゆっくりと後ろに回すことを意識すればいい。洗濯カゴを運ぶときは、カゴを半分に「折る」ことを意識する。ショッピングカートやベビーカーを押すときも同じことをする。この動作によって肩が外旋する。胸筋が平らになり、手のひらが少し前方を向くようになれば、正しくできていることの確認になる。

> **心がけたい動きと習慣**

肩の屈曲、背中上部、回旋筋腱板のモビライゼーション

現代人の生活様式は、動かずに済む方向を目指している。そのため、ほとんどの人の体が本来の形状を失いつつある。この章を通して述べてきたように、特に肩にはこの傾向が当てはまる。

以下のモビライゼーションは、関節や筋肉を日常ではあまりそうしない方法で動かすようにデザインされている。

首や肩に強い緊張やこわばりを感じている場合は、もっと肩を動かす必要があるという合図だ。その場合は以下のモビライゼーションをできるだけ頻繁にやってほしいのだが、その周辺を動かす他の方法も加えてほしい。安全を確保できるなら、脚立を使う代わりに、手を伸ばして物を取るようにする。朝、ベッドから出るときには腕を回す。デスクに座ったら、上で説明したように肩を後ろに回す。クルマにバックカメラを付けていても、ときどき、後ろを振り返ってバックするようにする。散歩するときは、頭を左右に回して景色を楽しもう。そうすれば、僧帽筋を休ませる機会になり、ウォーキングを100倍楽しい習慣にできる。

ウォール・ハング

壁から離れて立ち、背中を平らにして腰を曲げ、手のひらを平らにして壁につける。頭を両腕の間に入れたまま、肩を外側に回して（肘の内

側の窪みが空を向くように腕を回転させる)、壁に"寄りかかる"。そのまま大きく 10 回呼吸する。呼吸をしながら、背中と胸郭を広げることを意識する。

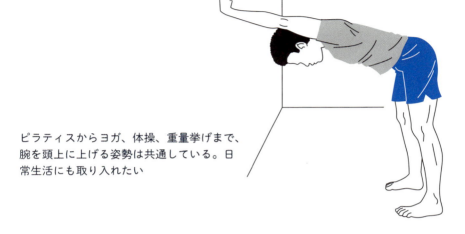

ピラティスからヨガ、体操、重量挙げまで、腕を頭上に上げる姿勢は共通している。日常生活にも取り入れたい

Ｔスピン・モビライゼーション 2

　ボールを使って背中上部にある脊椎骨と軟部組織を動かすモビライゼーション。腕を頭上に保つことで可動域を広げることができる。

　床に仰向けになり、膝を曲げる。ボールを首の付け根の右側、肩甲骨の上部に置く。右腕を頭上に上げ、親指を下に向けて手を床に下ろす。肘を頭に近づける。呼吸を整えながら、心地よいスピードで、この腕の上げ下げを 10 回繰り返す。

　次に、ボールを下方に少し回転させ、背中のやや下、肩甲骨の中央あたりに来るようにする。腕の上げ下げを 10 回繰り返す。再度、ボールを下方に回転させて肩甲骨の下端に移し、腕の上げ下げを 10 回繰り返す。左右を入れ替える。お尻を床から浮かせて行うとより効果的だ。

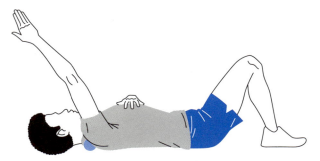

上背部の組織を動かしながら、腕を頭上に上げることで肩の機能が回復する

回旋筋腱板モビライゼーション

　このモビライゼーションが回旋筋腱板に与える効果は顕著だ。初めてこのモビライゼーションをやった後に肩の回転テストをやると、行う価値があることを理解できるだろう。

　床に仰向けになり、膝を曲げる。右肩と上腕が接する点の下にボールを置く。回旋筋腱板にボールがぴったり収まるように、わずかに右側を向く。腕の下にボールを入れないように気をつける。右腕を横に伸ばし、肘を90度に曲げ、前腕を床に対して垂直にする。ゆっくりと呼吸しながら、ボールの上にある筋肉を収縮させる。次に同じ筋肉を弛緩させる。これを10回行う。そこから、肘を床につけたまま、前腕を前・後ろへと行けるところまで動かす。これを10回行う。左右を入れ替える。

肩の後ろにボールを置くと、ターゲットとなる組織が動くだけでなく、その部分に意識を向けることができる

腕立て伏せの正しいやり方

　大きな箱を手渡されたら、肩を前に出して腕を大きく広げるように持つだろうか、それとも肘を後ろに引いて体に近づけて持つだろうか？

　両方の方法を試してみて、どちらが持ちやすいか確認してほしい。腕を体から離すと大きな負荷がかかるため、腕を体に近づけたほうが誰にとっても持ちやすい。では、なぜ多くの人が腕を体から離して腕立て伏せ——肩を強化し、全身の筋力を向上させるのに最適なエクササイズ——をやるのだろうか。それは非効率的だし、困難なやり方になる。正しい手順を伝えたい。

　床にうつ伏せになり、両腕を前に振り出し、すばやく両脇に戻し、手のひらを下にして、体を床から持ち上げられる状態にする。こうすると、自動的に完璧なスタートポジションに入ることができる。次にお尻を締め、床から体を押し上げてプランク（両手と両つま先だけを床につけた状態で、体をまっすぐにして空中停止するエクササイズ）の姿勢になる。

　そこで息を吸ってから、床から数センチの位置まで体を下げる。この手順を繰り返す。腕立て伏せをやっている間、両手を平らに置き、右手を時計回りに「動かし」、左手を反時計回りに「動かし」ながら、両手を床にねじ込もうとしていると想像する。こうすると、肩が適切に回旋し、体が安定する。

　腕立て伏せのトップポジションに達するには、体を小刻みに動かしたり、くねらせたりする必要があるかもしれないが、それでも構わない。私たちが子供たちに腕立て伏せを教えるときは、ワームプッシュアップと呼ばれるこのやり方を使う。虫のように体をくねらせながらの腕立て伏せができない子供は少ない。筋力がついてくると、小刻みに動くことが少なくなり、最終的にはスムーズに上下できるようになる。通常の腕立て伏せを目指すとき、膝をついて腕立て伏せするより

も早く筋力がつくし、肩を伸展させる動きが入ってくる利点がある。

前腕を垂直にすると、肩の動きがより強力になる

ワームプッシュアップは脊椎の動きをよくする、
誰にでもできる動きだ

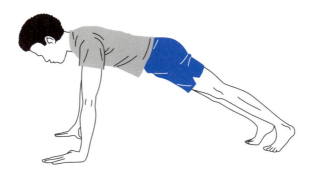

誰にとっても手強いプランク。呼吸はできるだろうか？

5 バイタルサイン

バイタルサイン **6**

動く体をつくる栄養素を
摂っているか？

自分の体を評価してみよう
☐ パート1：微量栄養素800グラムの摂取量
☐ パート2：タンパク質の摂取量

心がけたい動きと習慣
☐ 800グラムチャレンジ
☐ タンパク質強化

　食べるものは私たちの体をつくる要素になり、体を動かし続けるための燃料を提供してくれるものにもなる。フランスの美食家、ジャン・アンテルム・ブリア＝サヴァランが「あなたが何を食べているか教えてください。あなたが何者であるかを教えます」と書いた1826年以来、私たちは食べているものによって決まると言われてきた。ブリア＝サヴァランは文化とのかかわりでそう言ったのだろうが、ここで目新しい話になるかもしれないのは、**体の動きそのものを左右する食べ物がある**ということだ。食べ物の話を抜きにして、可動性を回復するためのプログラムは機能しない。ブリア＝サヴァランの言葉を借りれば、「あなたが何を食べているか教えてください。あなたがどれだけ動けるかを教えます」になる。

毎日どんな栄養素を摂っているかが、筋肉、腱、靱帯、軟骨、骨などの、体を動かしている要素に影響している。また、体内の炎症レベルも変えるので、関節の痛みや動かしやすさにも影響する。適切な食事をしないと、ケガや手術からの回復も遅くなる。これは、理学療法士であるケリーが何度も体験してきたことでもある。

　開業1年目に注目すべき出来事があった。半月板移植手術を受けた人を治療することになった。すでに回復時期をはるかに過ぎていたそのクライアントは、膝が腫れ、炎症を起こした状態でケリーを訪ねてきた。疑問に思いながら「なんでそんなに腫れているの？」と尋ねた後、閃いた。そして「朝ごはんは何を食べた？」と尋ね直した。「シリアル一箱です」と、そのクライアント。彼は、半月板移植手術に何千ドルも費やしたのに、10代の頃のようなチープな食事をしていた。彼が"朝食"と言ったものの正体は、タンパク質と微量栄養素が不足している砂糖爆弾だ。膝を治癒させるのに必要な栄養素が含まれていないばかりか、そういった食事スタイルが炎症として現れていた。繰り返しになるが、あなたはあなたが食べるものによって決まるのだ。

　不適切な栄養を与えられた組織は、触れればわかると言うマッサージセラピストもいる。敏感なセラピストであれば、加工食品を日常的に食べているクライアントを見分けることができる。炎症をはじめとした顕著な兆候が全身に現れるからだ。水分や栄養素が十分でない組織は、それらが十分に補給されている組織と同じようには機能しない。ピザとビールだけの夕食を楽しんだ翌朝、鏡を見たことがあるだろうか？　いつもと比べ、肌がひどく疲れているはずだ。肝心なのは、最高の原材料を使えば、より良い結果がもたらされるということだ。

強く、健康になるための栄養戦略が必要だ

　実を言えば、どんなものであっても食べてさえいれば人は生きていく

ことができる。時にはそうしなければならないこともあるだろう。しかし、あなたの体は、大学時代にケリーが使っていた、灯油、ホワイトガソリン、ガソリンまで燃料にできるというふれ込みの多燃料ストーブに似ている。

ある日のキャンプで、「ガソリンも OK だったはず。試してみよう」と考えたケリーは、ガソリンをストーブに入れて料理を始めた。そのとたん、黒煙が吹き出して鍋が見えなくなった。さらに、燃料噴射口が詰まった。燃料噴射口を掃除して料理を再開したが、同じことが起こった。この話の教訓？　燃やせるからといって、どんな燃料でもいいわけではないということだ。

栄養に関する私たちのアプローチ法は、良質な燃料、つまり高品質の栄養素を選ぶことが第一になる。食事法にはこだわらない。パレオダイエット、アトキンスダイエット、地中海式ダイエット、Whole30 ダイエット、ケトジェニックダイエットその他の食事法に賛成も反対もしない。ビーガン、ベジタリアン、肉食のどれでも OK だ。こういった食事法それぞれで成功した人を知っているからだ。人によって効くものが違うのは確かだ。「粗悪な加工食品をベースにした食事をするな」という包括的な忠告のほかに、私たちが関心を持っているのは、**タンパク質と微量栄養素の 2 つだけ**だ。私たちの経験から言えば、この 2 つに注目すれば、カロリー管理とか健康的な食習慣といった食に関する他のすべてが収まるべきところに収まる。

タンパク質と微量栄養素の 2 要素は、ケイト・シャナハン医学博士が「世界料理の 4 つの柱」と呼ぶもの（よりわかりやすく言うとヒトが食べるべき 4 つの柱）にも当てはまる。著書の中で、シャナハン博士は、世界中のほとんどの文化において栄養学的に同等の食品が食べられていると指摘している。見た目は違うかもしれない——ある文化でのカブの漬け物は、別の文化ではキムチになる。豚骨ラーメンは、別の国ではカルド・デ・ポジョ（ラテンアメリカのチキンスープ）になる——そこに

は共通点があり、共通するのは偶然ではない。それらを食べることで成長するように私たちの体ができているためだ。祖先が知恵を絞って食材を選び出し、適切な調理法を考え、文化的伝統を通して受け継いできた食べ物でもある。私たちのDNAはこういった食べ物が入ってくるのを待っている！ シャナハン博士は、ヒトにとっての最適な食事に共通する4つの要素を特定している。**骨付き肉、発酵食品及び発芽食品、内臓やその他の臓物、新鮮で何も添加されていない生鮮食品だ。** シャナハン博士が推奨する内容に同意できないかもしれないが、タンパク質と果物や野菜が必要だという考え方を取り入れることはできる。

この章のテストと「心がけたい動きと習慣」は、食事方針をシンプルにするためのものであり、あなたをシックスパックの腹に変えるためのものではない。**どんな体で生まれてきたにせよ、もっと強く、健康になるための栄養戦略だ。**

サプリメントやマルチビタミンを毎日摂れば栄養的な意味での保険になるだろう。しかし、本物の食べ物に代わるものではない。

次女を病院から家に連れ帰ったときほど、この点について痛感したことはなかった。彼女は生後3週間にわたって新生児集中治療室にいた。医師の処方によるビタミン剤付きの退院だった。そのビタミン剤はあまりにひどい味をしていて（味見をしたのだ！）、乳児が好む代物とは言えなかった。さらに、ジュリエットは母乳育児に熱心だったから、必要な栄養素をすべて摂取しているように見えた。

「なぜビタミン剤が必要なのですか？」と、ある日、医師に尋ねた。「サンフランシスコはあまり陽がささないですよね。ここに住む母親にはビタミンDが足りないからですよ」との答えだった（私たちの体は日光に当たることでビタミンDを生成している）。

なぜ最初にそう言ってくれなかったのだろうか？ シンプルな解決策があった。それは8月の出来事で、"霧のサンフランシスコ"で有名な月だった。私たちは日差しが強いマリン郡に住んでいたので、次女の頭

を保護し、その体を1日5分間太陽にさらすことにした。ジュリエットも、太陽を浴びるようにした。大人であれば、1週間に数回、10〜30分間日光に当たれば十分なビタミンDを生成することができる。

　結局、次女は母乳だけで丈夫に育った（この本の執筆時点で13歳だが、身長が175センチある）。複雑で人工的な解決策を使わずに問題を解決できたのだ。

年齢を重ねるほど必要なタンパク質量が増える

　シンプルな解決策のほうが優れている別の例を伝えたい。2000年代初頭、アスリートの間で水分補給に点滴を使うことが流行った。宣伝文句は「ワークアウト後に体液を最適レベルに戻す魔法の方法」だった。とはいえ、喉の渇きが収まることはなかった。**点滴で水分補給しても、水分が入ってきたことを脳が認識できないからだ。**口から飲んでも水分補給はできるし、喉の渇きも消える。繰り返しになるが、複雑な"解決策"は手間がかかるだけでなく、優れた解決策にもならない。

　私たちがこの話をするのは、母乳や水筒の利点を称賛するためではなく、**基本に戻る重要性を伝えたい**からだ。食生活に必要なものはすべて身近にある食料品店で手に入る。料理が好きなら、シンプルな材料を使ってつくればいい。外食でも同じ。これから述べるタンパク質と微量栄養素についての私たちの推奨事項を念頭に料理したり注文したりしてほしい。マラソン大会に向けてトレーニングしている人は、そこに炭水化物を追加する。体重を減らしたい人は、カロリーを減らす。

　十分なタンパク質を摂ることで得られる見返りは大きい。タンパク質が、筋肉をつくり維持するうえで決定的な役割を果たしているからだ。また、体の機能性においても不可欠の存在だ。食について話をしていて気づくのは、**年齢を重ねるにつれて必要とするタンパク質量が増えることを知らない人が多い**ことだ。徐々にだが、しかし早い段階から筋肉は減り始める。遺伝や活動量、タンパク質の摂取量にもよるが、一般的に

は 30 代から減少が始まり、10 年で 3 〜 5 パーセントという割合で急激に減っていく。加齢に伴って筋肉が減少する要因が多くなる。そのうちの 1 つは、**食事で摂取したタンパク質を筋肉に変える能力が低下する**ことだ。

では、そもそも十分なタンパク質を摂取していなかったら、どうなるだろうか？　だからこそ、体内の筋肉製造工場に十分な原料を供給し続ける大切さを強調したい。加齢とともに避けられなくなる筋肉の減少を食い止めるには、十分な量のタンパク質がどうしても必要になる。

よく動く体を維持するうえで欠かせないもう 1 つの栄養素が、**ビタミンとミネラルから成る微量栄養素**だ。微量栄養素は、細胞の入れ替わり、免疫機能、エネルギー産生、神経伝導、筋肉収縮の他にも、体をスムーズに動かすための何百ものプロセスを助けている。それがなければ生きていけないが、最小限の量があれば何とかなる。しかし、かろうじて動く体よりも、自由に動く体のほうがいいに決まっている。

壊血病を防ぐ量のビタミン C を摂取するだけで十分だろうか？　それとも、体組織を素早く修復する量（皮膚組織を含む──スキンケア製品にビタミン C が添加されることが多いのはそのためだ）が必要だろうか？　骨が弱くなるくる病を防ぐ量のビタミン D を摂取するだけで十分だろうか？　それとも、骨粗鬆症の予防に役立つ量が必要だろうか？　微量栄養素は「十分」で満足すべきではない。病気と闘い、最大限の可動性を維持し、あらゆる意味で成長したいのであれば、できるだけ摂ったほうがいい。

テストに入る前に、もう一点加えておきたい。健康的な食事には妥協も必要になる。とはいえ、食事から得られる喜びを奪ってはいけない。食事を制限することで、どこにも行けず、食事にまつわる豊かな時間を逃す人にはなりたくないだろう。その対極には、何を食べているかまったく気にしない人がいる。そっち側にもなりたくないはずだ。目標は両極の間のどこかにある。あなたが幸せでいられる場所を見つけてほしい。

> 自分の体を評価してみよう

パート1：微量栄養素 800 グラムの摂取量
パート2：タンパク質の摂取量

　このバイタルサインにおける2つのテストは、あなたがタンパク質と微量栄養素の必要量をどの程度満たしているかをチェックするものだ。自分の食生活についての印象が現実と一致しているかどうかを確かめるために、ときどきテストしてほしい。

　なぜかというと、必要量を下回っている、上回っている、あるいはピッタリだと思っていても、実際にはそうでないことがままあるからだ。健康的な食生活を送っていると考えていたクライアントが、膝関節置換手術を受けることになった。手術に備えて、微量栄養素をどれだけ摂っているか調べてもらったところ、そのクライアントは思わぬ現実にショックを受けることになった。1日に摂取すべき 800 グラムをはるかに下回る 100 グラムしか摂っていなかったからだ。このテストを機に、食べているものの量を測る習慣をつけて、どんな食生活を送っているか再評価してほしい。

パート1 　微量栄養素 800 グラムの摂取量

　栄養コーチである EC シンコウスキーは、"栄養における混乱"に答えを出してくれた。世の中には食についてのおすすめがたくさんあるが、ビタミン、ミネラル、抗酸化物質、フィトケミカルなどの栄養素を十分に摂れているか、いちいち調べるのではなく、研究結果に基づいたシンプルなベンチマークをつくったのだ。それは、**1 日あたり 800 グラム相当の果物と野菜を食べること**だ。

　それでおしまいだ。**生でも、調理済み食品でも、冷凍でも、缶詰でもいいので選択肢は豊富だ**。重さを量るだけなので（しばらくすれば、野菜や果物の量を目で測ることに慣れるので、それも必要なくなる）、1

食全体の量や食品群、フードピラミッド、食事ガイドラインなどに従う煩わしさがなくなる。EC の 800 グラムチャレンジ（この本用にアレンジしたのでそう呼んでいるが、厳密には #800gChallenge® だ）の利点は、**いつもの食事に加えるだけ**でいいことにある。この章の後半で、EC がこの数字をどのように導き出したか、また、その数値を確実に満たすための簡単な方法についてお話ししたい。

準　備

果物と野菜の摂取量を正確に測るにはキッチンスケールを使うといい。材料の重さを測るレシピに従うときにカップやスプーンよりも正確に計量できるからだ。価格も手頃だ。

生の野菜や果物の 800 グラムはおよそ 6 カップに相当する。また、ほとんどの野菜や果物の 1 カップは握りこぶし大になる。注意点が 1 つある。ほうれん草、ケール、コラード、チャードなどの生の葉物野菜の扱いだ。葉物野菜は、ボリュームがあるものの重量が少ないので 5 カップを 1 カップとしてカウントしてほしい（つまり、ほうれん草 5 カップ＝ブロッコリー 1 カップになる）。

テストする日は、ふだんと同じような食事内容の日を選ぶようにする。毎日外食したりデリバリーを頼んだりしている場合は、典型的な外食やデリバリー時の食事を対象にする。こぶし大＝ 1 カップの測定法に慣れ、外食するときは基準を満たす果物や野菜が皿に盛られているか確かめるようにする。

テスト

朝食から始めて、夜に最後に食べたものまで、1 日を通して食べた果物と野菜をグラム単位で書き留める。できればキッチンスケールを使って測定する。数字を合計するとスコアが得られる。

いくつかルールがある。フルーツ風味の菓子は加算できない。フライドポテトも、ジャガイモだからではなく揚げているため加算できない。他

に知っておくべきガイドラインは以下の通り。

カウントされる食材	カウントされない食材
生の果物と野菜（ドレッシングがかかっていてもよい）	ドライフルーツやドライベジタブル（レーズン、ナツメヤシ、乾燥エンドウ豆など）
調理済み、あるいは冷凍（ソースや調味料を加えていない）、または缶詰（水煮）の果物と野菜	非乳製品（植物ベース）ミルク
スムージー、サルサ、スープなどに使った果物と野菜（料理に加える前に重さを量って人数分で割る、あるいは、レシピに示されている分量を人数分で割る）	ジュース
豆腐	ゼリーとジャム
豆	フライドポテトや天ぷらなどの揚げ物（揚げ物にすると野菜の有効成分が低下するのが理由）
油や砂糖を加えていないトマトソース	穀類
ジャガイモ、トウモロコシ、（乾燥していない）枝豆、エンドウ豆、アボカドなど	あらゆる種類の粉類（小麦だけでなく、アーモンドやひよこ豆が原料のものを含む）
ピクルスやキムチなどの発酵野菜	野菜からつくるパスタ
オリーブ	ナッツと種子
砂糖不使用のフルーツコンポート（アップルソースなど）	ポップコーン

結果が意味するもの

　1日に食べたグラム数がスコアになる。果物や野菜を日に800グラム食べているか、食べていないかの二択になる。800グラム以上であれば合格だ。800グラムに達していない場合は、そこに達するように努力す

る。やり方については、この章の後半で説明したい。また、加工食品を大量に食べて野菜や果物の良さを消さないように気をつけてほしい。

いつ再テストすべきか？

測らなくても 800 グラムの目安がつかめるようになるまで、毎日、グラム数を測定する。

パート2　タンパク質の摂取量

食事をすれば、ほとんどの場合、タンパク質を摂取できるが、量的に不足している人が多い。1日当たり必要なタンパク質量については、さまざまな意見がある。私たちの推奨量は、1日につき体重 500 グラムあたり 0.7 ～ 1 グラムだ。それは、米国農務省（U.S Department of Agriculture：USDA）が推奨する体重 500 グラムあたり 0.4 グラムと、プロテインシェイクをガブ飲みしろと勧めるジムにいるトレイナーの推奨量の中間に当たる。私たちの推奨量は USDA のガイドラインよりも多いが、安全かつ合理的な範囲内にある。

タンパク質は、赤身の肉、鶏肉、魚介類に多量に含まれる主要栄養素だ。乳製品にも少量含まれている。また、穀物（特に全粒穀物）、ナッツ類、種子類、豆類（レンズ豆、ピーナッツ、大豆、エンドウ豆など）、一部の野菜にもある程度が含まれている。この評価では、すべてのタンパク質のグラム数を合計する。プロテインパウダーを使っている場合は、そのグラム数も加算する。

準　備

タンパク質量を導き出す計算式と、異なる食品に含まれるタンパク質量を合計するツール（電卓、鉛筆と紙）が必要になる。その日に食べたタンパク質量を測ることは、果物や野菜のグラム数を測ることよりも手間がかかる。鶏のモモ肉やステーキといった純粋なタンパク質源の重量を測定するのは簡単だ。重量のほぼすべてがタンパク質なのでキッチンス

ケールに載せ、その数字を加えるだけでいい。他のタンパク質源については、多少、調べる必要がある。加工品については缶や箱の側面に記載されている栄養成分表示を確認する。タンパク質を含む野菜もある（例えば、ブロッコリー1カップには2グラム含まれている）。豆とチーズのブリトーにはどれくらいのタンパク質が含まれているだろうか？ 豆7グラム、チーズ7グラム、トルティーヤ1グラムであれば15グラムになる。栄養アプリなどを利用すると便利だ。

視覚的な手がかりを使ってもいい。魚、鶏肉、その他の動物肉は、手のひらに載る量で約23グラムになる。半カップの豆類は拳の大きさほどの量であり、半カップ当たり7.5〜8.5グラムのタンパク質を含んでいる。

800グラムカウントと同じで、レストランでの食事、自宅で調理した食事、またはその2つを組み合わせた食事など、典型的な食事を対象にする。普段の食生活を反映した日を選ぶようにする。

テスト

朝食から始めて、夜に最後に食べたものまで、その日に摂取したタンパク質量を1グラムごと書き留める。あらゆるタンパク質を含める。プロテインやサプリメントを使っている場合はその量も加える。数字を合計するとスコアが得られる。

結果が意味するもの

次の計算式に基づいてスコアを決定する。体重約500グラム当たりタンパク質0.7〜1グラム。 日中にあまり動かない場合は、下限の0.7グラムを定数にしても構わない。適度に運動している場合（週に30分間、ハイキングしたりペロトンのペダルを漕いだりする。あるいは週数回に分けて同等の運動をする）は0.7〜1グラムの中間値近辺にする。アスリートだったり、手術前や手術後の回復中だったり、60歳を超えていたりする場合は、1グラムにする。

800 グラムカウントと同様で、採点は白か黒か。1 日あたりの最適グラム数に達しているかどうかであり、数値をクリアすることを目標にしたい。

いつ再テストすべきか？

　毎日。日々の必要量を満たしているかどうかが目視でわかるようになるまでは、測定することで必要量を満たすようにする。

> **追加で確認したいこと**
> **1．フラペチーノテスト**
> **2．4時間ファスティング**

　生理学的視点から自分の体を評価することも、この本の目的の１つになっている。この点についてもっと知りたいなら"代謝の柔軟性"がどれだけあるかテストするといいだろう。"代謝の柔軟性"とは、そのとき摂れる食料に体を適応させる能力のことだ。**代謝の柔軟性が高ければ、朝起きて何も食べなくてもトレーニングしたり仕事したりすることができる（代謝の柔軟性がないと燃料不足で疲れてしまう）。**また、フラペチーノのような脂肪分やカロリーが多いものを体に入れても、胃の調子が悪くなったり下痢したりすることがない。

　伝説的なビッグウェーブサーファー、レアード・ハミルトンが指摘するように、ビッグマックしか手に入らないとき、消化器系がそれを処理できなかったら波に乗るどころの話ではなくなる。完璧な食べ物がいつも手に入るとは限らない。ウルトラマラソン選手のディーン・カーナーシスは、約320キロのレース中に"宅配ピザ"を注文してエネルギーを補給した。スポーツ・イラストレイテッド誌が、カーナーシスの冷蔵庫はホールフーズ（訳註：主に自然食品を扱うスーパーマーケット）のようだと報じたことや、カーナーシス自身も砂糖を食べないほうがレース後の体力が回復すると語っていたことから、ふだんの彼は食事に気を使っているはずだ。

　しかし、伝説になったピザでのエネルギー補給は、カーナーシスに代謝の柔軟性があり、それが役立つものであることを教えている。だからといって、このテストでフラペチーノを推奨したいわけではない。もちろんその逆で、可能な限り最高の食料を選択すべきだ。

　私たちは雑食動物であり、必要であれば、なんでも食べられるようにつくられている。別の言い方をすれば、私たちは食が不安定な状況下で

も生きられるように進化してきている。先史時代には、肉が食べられる日もあれば、植物しか食べられない日もあった。少ししか、あるいは何も食べられない日もあった。私たちの体は食の不安定さに柔軟に対応できるものでなければならなかった。

　だからこそ、どんな食料からでもエネルギーを生成できたし、食欲を抑えながら活動することができたのだ。ヒトが置かれた環境は変わったが、糖尿病の特徴が代謝の柔軟性の欠如にあることを考えれば、それを獲得することは依然として取り組む価値があるものだ。

　代謝の柔軟性があれば、血糖値が均一な状態に保たれる。そのため、2時間のハイキングなど、それほど激しくない動きであれば、エネルギーを補給するために何かを食べなくても平気でいられる。持久系アスリートの中には補給剤をのべつまくなし摂っている人もいるが、代謝が柔軟であれば、それほど多くのカロリーを摂取する必要がなくなる。体重のコントロールも容易になるだろう。

　代謝の柔軟性は、この章にある「心がけたい動きと習慣」を実行すれば獲得できる。1日あたり800グラムの果物と野菜を摂って微量栄養素の量を増やし、タンパク質の摂取必要量を満たす。血糖値を上下させる高糖質食品や、高加工食品をできるだけ摂らないようにすることだ。何度も食事したり、一日中間食をしたり、午後のカフェインで自分を元気付けるのではなく、**規則正しく食事をすることも代謝の柔軟性を高めるために役立つ習慣になる。**

　あなたの代謝の柔軟性は、今、どんな状態にあるだろうか？　以下の2つのテストでそれがわかる。

１．フラペチーノテスト

　このテストは、医師が行う「経口ブドウ糖負荷検査」に似ている。甘い液体を摂取すると、血糖値が上昇する。この上昇によってインスリンというホルモンを分泌するよう、膵臓に向かって指示が出る。

インスリンには、血中からブドウ糖を除去し、そのブドウ糖を細胞に送り込む働きがある。ブドウ糖がエネルギーとして使われるのを助けるのがその仕事である。血中のブドウ糖が減ることで血糖値が下がるが、それが望ましい流れであり、血糖値が高い状態が長く続くと血管が傷つき、糖尿病やその他の病気になるリスクが高まる。血糖値が高い状態が続くときは、通常、インスリン抵抗性が高いこと——インスリンがブドウ糖を細胞に送っても、細胞の側が応答できない状態——を示している。エネルギー不足に陥っている細胞を助けるために、膵臓がより多くのインスリンを産生するようになるが、時間の経過とともにその効果が薄れ、高いインスリン抵抗性によって2型糖尿病へと移っていくことになる。

　フラペチーノテストは医学的なテストではなく、気分が悪くなったり、気分の上下を経験したりすることなく糖分を処理できるかどうかを評価するための方法だ。このテストでは、インスリン抵抗性の有無は判別できない。インスリン抵抗性に対する意識を高め、何らかの症状が出るかどうかを確認するテストになる。

　フラペチーノ（カフェインに敏感な場合は、コーヒーの入っていない子供用フラペチーノにする）を飲んだ後、集中力が低下したり、神経質になったり、不機嫌になったりしたら、血中の糖がうまく除去されずに、高血糖状態になっている可能性を示している。ドラッグストアなどで購入できる血糖測定器を使えば、より正確な数値を知ることができる。いずれにせよ、インスリン抵抗性が疑われる場合は、かかりつけの医師に相談してほしい。

準　備

私たちはスターバックスのフラペチーノで行うが、同じような砂糖爆弾なら何でもいい。473ミリリットルのフラペチーノには45グラムの砂糖が含まれている。とことんやりたいなら約700ミリリットルを選ぶ。これだと59グラムの砂糖になる。最後の食事から少なくとも4時間後の空腹時にテストし、その後4時間は食事しないようにする。

> **テスト**

フラペチーノを飲み干し、その後の4時間の気分や症状を記録する。

結果が意味するもの

次の質問を自分に問いかける。フラペチーノを飲んだ後、どう感じたか？　イライラしたり、吐き気がしたり、神経過敏になったり、ボーっとしたり、下痢をしたりした場合は、代謝柔軟性が低いことを示している。ダメージがあまりなく、いつもの仕事をこなすことができたら代謝的に柔軟である可能性が高い。

例外もあって、いつもフラペチーノを片手に生きている人には問題が起こりにくいことだ。体のほうでの適応がここでも起こっている。しかし、それは健康的なライフスタイルとは言えない。血糖値をここまで上げると普通は気分がある程度は変化する。あなたは砂糖とともに生きることを学んできた。今こそ、そのライフスタイルを再評価する時だ。

この実験で、食べ物に対して体がどう反応するかについての洞察が得られれば幸いだ。フラペチーノが問題につながった場合も、そうでなかった場合も、果物と野菜を800グラム摂取すること、さらにタンパク質の必要量を満たしていくことを心がけてほしい。そうすれば、代謝的に柔軟な体になれるし、維持することができる。もし、フラペチーノによる影響が許容範囲を超えていたら、「心がけたい動きと実践」を2週間続けた後、再テストしてほしい。

2. 24時間ファスティング

宗教的伝統（ラマダンなど）とか、精神鍛錬の一環（ヒンドゥー教徒の一派は週に1回断食する）とか、減量目的に、昔からファスティング（断食）が行われてきた。

かなりの時間にわたって食事できないことは、かつては生活の一部とも言っていい当たり前の出来事だった。その経験がDNAに刻まれてい

るので、本来、食欲をコントロールできるように私たちの体はできている。しかし、先進国に住む人の食のコントロールの仕方は変わってきている。グルテンから乳製品に至るまでのあらゆる食べ物を制限し、食べ物に関してとても神経質になっている一方で、食べずに5時間過ごすことが難しくなっているのだ。

"代謝を上げるために"日に3度の食事と2度の間食をする、あるいは3時間おきに食事すべきだという考え方が広まっている。また、同僚の机の上にあるキャンディーやスナックがいつも私たちを手招きしている。空腹であろうとなかろうと、無意識に食べ続けているこの状態はおかしくないだろうか？

エクササイズするなら継続的なエネルギー補給が欠かせないと考えている人は多い。もし何か食べないとボンヤリしてしまうなら、食べたほうがいいかもしれない。しかし、空腹を予防するために食べているとしたら、その習慣をやめたら何が起こるか確かめる必要がある。**ほとんどの人にとって絶え間ない燃料補給は必要のないことだ。**世界的なアスリートでさえ、試合当日の食事は控えめにして、ハーフタイムに口にするのは、オレンジスライスかジュース一口だけという人が多い。

24時間ファスティングも、あなたが代謝の柔軟性を持っているかどうか、そして心理的に1日食事しないで過ごせるかどうかをテストするものだ。食べないでいる時間に対応できることは、好ましい食べ物が手に入らないときにも役立つツールになる。空港にいて、フライトは5時間後。近くに栄養価の高い食べ物は見当たらない。しかし、目に入るプレッツェルや脂っこいチキンサンドに手を出さなくても飛行機に乗ることができるようになる。

定期的に食べるという儀式を休めば、空腹と食事の関係を見直すこともできる。午後3時に自販機に向かいたくなるのは、本当にお腹が空いているのか昼下がりの退屈や燃え尽きと戦うためなのか？　メトロノームのビートに合わせるように食べるのではなく、本当に空腹か確かめる

機会をつくろう。24時間ファスティングを行うことでその洞察を得ることができる。

準　備

食事を伴う付き合いや、肉体的・心理的に負担がかかる出来事がない日を選ぶ。

テスト

ファスティング前夜は普通通りの食事をし、次の日の夜の同じ時間に食事を摂るようにする（例えば、金曜日の午後6時と土曜日の午後6時）。1日を通して、コーヒー（ミルクや砂糖は一切使用しない）やノンカロリーの飲み物（甘味料は一切使用しない）を好きなだけ飲む。日中の気分や体調を記録する。

結果が意味するもの

　繰り返しになるが数字的には評価できない。食事をしないでいる間の反応を、代謝の柔軟性を知る手がかりにする。異常な食欲が湧いたり、エネルギーレベルが大幅に落ちたりしたら、代謝の柔軟性が低下していることを示している。若干の不快感を覚えたり、少しぼうっとしたりするかもしれないが、大きな変化に悩まされなかったら、空腹に適応できる代謝の柔軟性を持ち合わせている。

　ファスティングがうまくいかなかった場合は、食事する頻度やいつもの食べ物を見直したほうがいいかもしれない。好ましい食事をしていても、24時間ファスティングで苦労する人もいる。これを機会に、ある食べ物が自分の体調や気分をどう変えるかを観察する視点を持ってほしい。

800グラムの果物と野菜が、
すべての死因リスクを低下させる

　誰もが果物と野菜をたくさん食べるようにと言われて育つ。それが良いことなのは学校でも教えるし、常識のようにもなっている。しかし、果物や野菜をたくさん食べる理由がわからないとしたら、それらを食べることが億劫になったり忘れたりするだろう。ここでその理由を要約したい。

　果物や野菜には、体内のすべてのシステムを正常に保つビタミンやミネラルが含まれている。それらが、DNAやホルモンをつくったり、食物と酸素を使ってエネルギーに変えたりするのを助けている。骨の維持、血液凝固、体液のバランスを保つためにもビタミンとミネラルが必要だ。リンゴをかじったり、ほうれん草を食べたりするたびに、欠乏症による感染を防ぐ成分を摂取していることにもなる。船の上で壊血病に苦しんだ探検家たちの話は有名だ。ビタミンCを含む果物や野菜さえあれば、それは起こらなかったことだ。**ビタミンとミネラルには、こういった体の基本的な維持や欠乏症に関連した病気を予防する働きがある。**

　800グラムチャレンジは、2017年の国際疫学ジャーナルに掲載された論文に基づいてECシンコウスキーが考え出した食の指針だ。論文の内容は、95件の研究を分析した研究者らが、1日800グラムの果物と野菜を食べていると、心血管疾患、一部のガン、実際にはすべての死因のリスクを低下させると結論付けたものだった。特に、**リンゴ、梨、柑橘類、緑黄色野菜、アブラナ科野菜（ブロッコリーやカリフラワーなど）が心血管疾患と死亡率を低下させる**ことを示していた。**緑黄色野菜とアブラナ科野菜にはガンになるリスクを低下させる**働きもあった。**野菜や果物に、糖尿病や脳卒中などの他の病気に対する予防効果がある**ことも示されていた。

　この研究の価値は、800グラムという目標値を与えてくれたことにあ

る。栄養学界は意見が分かれやすいところだが、1日800グラムの野菜と果物を摂ればいいという考えに反対する人はほとんどいない。

強さとパワーを連想させる栄養素といえばタンパク質かもしれないが、果物や野菜も筋肉の維持に重要な役割を果たしている。例えば、2015年に行われた日本の研究によって、**大豆製品と緑黄色野菜を食べていると、加齢に伴う筋力低下が少なくなることが明らかになっている**。他の研究も、果物や野菜の摂取量が多い高齢者はフレイルになるリスクが低くなることを示している。もちろん、果物や野菜が体を強化する効果は、70歳以上の人だけに当てはまるものではない。

SWAN（全国女性の健康に関する調査）は、中年期の女性の健康について調べることを目的にした疫学調査だ。1994年に始まり、国立老化研究所や国立衛生研究所などの共同支援のもとに、国内のさまざまな地域に住むさまざまな民族の女性を研究対象にしている。ある調査では、"機能性"を、歩く、登る、持ち上げる、運ぶなどの動作ができることと定義し、その機能性に対する食事の影響を調べている。42歳から52歳までの2,160人の女性を対象にして、食事内容を評価し、4年後の状態を観察した。

その結果、**果物、野菜、食物繊維の摂取量が少ないほど、機能性が短期間で低下することが明らかになった**。実際、1日1食（1食を1/2カップの摂取量として定量化した）以下の野菜しか食べない人は、2.4食以上食べる人と比べて、"機能性"が制限される確率が50パーセント高かった。それほど強い相関関係があったのである。スーパーパワーが、突然、手に入るわけではないが、よく動く体をつくり、維持するためには野菜や果物が欠かせないのだ。

ここまで、食物繊維について話してこなかった。食物繊維は、果物や野菜（および全粒穀物）に含まれるセルロース、リグニン、ペクチンを指す。老廃物を体外に排出したり、血糖値を安定させたり、心臓に悪影響を及ぼす悪玉コレステロールを吸収したりする働きがある。体内で嵩

が増すので満腹感を保つのにも役立ち、カロリー摂取量を下げることにもつながる栄養素だ（食物繊維自体にはカロリーがない）。

カロリー過多になるのを防ぐことも、私が EC の 800 グラムチャレンジを気に入っている理由の 1 つだ。食物繊維を多く摂ることで、満腹感が得られ、間食の量を減らす（あるいはなくす）ことができる。

なぜ、タンパク質が必要なのか？

ベジタリアンの食事が非ベジタリアンの食事よりも心血管保護効果が高いことを示す研究は、割り引いて考えるべきだとインスタグラムに投稿した人がいた。そのコメントは炎上し、最後は、「君は人の気を引きたいだけだよね？」という質問で終わっている。

地雷を踏みたければ、栄養学の世界に足を踏み入れるだけでいい。そして、どのくらいの量、どんな種類を、いつ食べるかという点において、タンパク質ほど厄介な話題はない。前述のベジタリアン／非ベジタリアンの議論に関して言えば、その人の好みでカタがつく。肉を食べるか食べないかは個人的な選択であり、健康的であるかどうかに関係のない選び方をする人が多い。また、その人の選択が尊重される。何より大切なのは**タンパク質の必要量を満たし、その必要量を維持する**ことにある。

ベジタリアンには申し訳ないが、私たちは、赤身の動物性食品（脂肪分が少なくてタンパク質が多い肉）をタンパク源に含めている。それにはいくつかの理由がある。年齢を重ねるにつれて、肉を含めたほうがいいことを示す説得力のある研究結果が示されているからだ。イタリアでは、研究者らが平均年齢 75 歳の 1000 人以上の人を 20 年間追跡調査し、**動物性タンパク質の摂取が長寿に関連している**ことを発見している。2022 年に発表された研究では、**動物性タンパク質が心血管疾患を含むすべての死因と逆相関している**ことが示されている。

タンパク質源の話は一旦置くが、タンパク質が重要な栄養素であることに異論を挟む人はいないだろう。タンパク質の力は、その枠組みを構成するアミノ酸の鎖からくる。アミノ酸は 20 種類あり、さまざまな組

み合わせで結合してタンパク質をつくり出す。人の体も一部のアミノ酸をつくることができる。しかし、それ以外のアミノ酸は食物から摂取しなければならない。それが「必須アミノ酸」(Essential Amino Acids, EAAs) だ。タンパク質食品を食べると、体がタンパク質を分解してEAAs を遊離する。EAAs は、私たちの体がつくり出すアミノ酸と組み合わさって、私たちの生命を維持し、成長させるために働く。アミノ酸には、以下のような重要な働きがある。

- **体内での化学反応に使われる酵素を生成する材料になる。**
- **抗体の生成にかかわる。**
- **ホルモンを合成するための必須成分である。**
- **DNA 発現の材料である。**
- **筋肉を含む細胞や組織を構成する要素になる。**
- **筋肉の収縮と弛緩を助ける。**

　このリストを見れば、タンパク質をあまり摂らないと、体に無数の悪影響を及ぼすことは明白だ。しかし、この本のテーマは可動性なので、体を動かすうえで、タンパク質がどんな役割を果たしているか詳しく説明したい。
　今の社会は外見を気にしがちで体脂肪を減らすことに血眼になっている。しかし、**実は、体脂肪を減らすよりも筋肉を増やすことに集中したほうが、痩せるだけでなく健康**という意味においてもずっと良い結果がもたらされる。摂取するカロリーを筋肉が消費するからだけではない。筋肉が多ければ多いほど体脂肪を燃やすからだ。
　一方、ダイエットによる体重減少だと、体脂肪と一緒に筋肉も失っていく。筋肉には体を保護する役割があり、筋肉の減少（サルコペニア）は、体の衰えに直結する。それでなくとも、30 代になると筋肉をつくる力が低下し始める。その鈍化は、筋肉量と筋力の低下、および筋肉の質の低下によって特徴付けられる。つまり、動けない体に向かっていく。

年齢が上がるにつれてサルコペニアは加速し、可動性の低下やケガのリスクの増加を招くようになる。筋肉が減少していくままにしておくと、最後は自立性を失うことになる。

筋肉の減少を防ぐためのベストの運動は、ウェイトを使ったレジスタンストレーニングやラッキング（重りが入ったリュックを背負って行う筋力トレーニング）だ。ランニング、水泳、サイクリング、ウォーキング、ヨガ、その他の運動も、筋肉を獲得して維持するのに役立つが、筋力トレーニングほど効果的なものはない（これが、どんなジャンルのトップアスリートも筋力トレーニングを行う理由だ）。

とはいえ、**毎日、食事から十分なタンパク質を摂取し、座っている時間を少なくすれば、今ある筋肉をある程度は維持できる**。つまり、食事による筋肉の維持がベースで、エクササイズによる筋肉増加はボーナスと言える。**筋肉の減少を運命に任せる必要はない。それはコントロールできることなのだ。**

靭帯、腱、結合組織、軟骨など、体を動かすうえで不可欠な他の組織もすべてタンパク質でつくられていることを意識すべきだ。タンパク質合成プロセスの減速を放置すれば、私たちの体の動きに決定的な影響を与えることになる。肌と肌をふっくら保つコラーゲンもまた、タンパク質に依存している。見栄えを維持したいというモチベーションでもいいのでタンパク質の必要量を確保してほしい。それが好ましい外見を手に入れるだけでなく、丈夫で長持ちする体をつくることになる。

タンパク質は満腹感ももたらす。炭水化物、脂肪、タンパク質の三大栄養素の中で、最もカロリーが少なく、最も食欲を満たしてくれる栄養素がタンパク質だ。タンパク質には、食べるのをやめるよう指示するホルモンの分泌を増やし、冷蔵庫へ向かうように指示するホルモンの分泌を減らす働きがある。言い換えれば、**食事を早く終わらせることができ、次の食事への空腹感を抑えることができるのだ**。ベジタリアンやビーガンもこの効果を期待していい。肉以外のタンパク質源にも、肉タンパク

質と同じくらいの満腹感をもたらす効果があることがわかっている。

どれくらいのタンパク質量が必要なのか？

　この本の目的である「動きやすい体を手に入れる、筋骨格系の痛みを軽くする、全身的な健康を増進させる」ために、最適なタンパク質摂取量は、体重約500グラムあたり0.7〜1グラムになる。それは多くの研究を精査し、栄養学の専門家にアドバイスを求め、自分たちやクライアントが試した結果をすべて考慮したうえでの摂取量だ。この量が最適であり、効果的で、安全であると感じている。タンパク質の過剰摂取は腎臓にストレスを与えるが、私たちの推奨量は安全圏内にある。

　では、なぜ一律の数値ではなく範囲で示しているのか？　1日当たりに摂取すべきタンパク質量については意見の相違があるものの、あるグループが他のグループよりも多くのタンパク質を必要とするという点については研究者間の意見が一致しているからだ。タンパク質をより多く必要とするグループの中に高齢者がいる。**高齢者が筋肉を維持するには追加のタンパク質が必要であり、60歳以上の場合、上限である体重約500グラムあたり1グラムを採用することをお勧めする。**

　前述したように、人の体は30歳を過ぎると筋肉量が減り始める。この喪失は、65歳から特に激しくなる傾向がある。しかし、運動不足だと、50歳くらいから筋肉が急速に減っていく可能性がある。もっと若くしてこの変化に気づくこともある。40代の女性が私たちを訪ねてきた。「以前は、簡単に体が強くなったし、引き締まったのに」と彼女は言った。「しばらく休んだ後、最近エクササイズを再開したんですが、強くもならないし引き締まってもこない」と。理学療法士の立場からすると、これは珍しくない悩みだ。

　中年期を過ぎると、筋肉量、筋力、パワーを維持するのは簡単なことではなくなる。適切で十分なタンパク質が供給されなければ、さらに困

難な戦いになるだろう。年齢を重ねるごとに、体は筋肉合成を刺激するホルモンに対する感受性を低下させていく。つまり、今までと同じ最終製品（筋肉）をつくり出すために、より多くの原材料（タンパク質）を機械（体）に投入しなければならなくなる。

　ジムでハードにトレーニングしても成果が出ずにイラ立っていた女性に勧めたのは、タンパク質の摂取量を増やすことだった。検査の結果、私たちが推奨するタンパク質摂取量の基準値を下回っていたからだ。しばらくして、すべてが変わった。エクササイズを激しくしたり、トレーニング頻度を増やしたりすることなく、彼女は求めていた体に変わることができた。

　タンパク質の必要性が高まるもう1つの時期は、手術を受けるときの前後だ。タンパク質があれば、体はそれを使って瘢痕形成（傷跡を目立たなくする作用）に不可欠なコラーゲンを生成することができる。医師のメスが触れた組織の修復にもアミノ酸が欠かせない。また、抗体はそのものがタンパク質であり、その形成を通じて術後感染症を予防している。傷の治癒を促すために、医師が手術前後のタンパク質の摂取量を増やすよう患者に勧めるのは一般的な話でもある。**手術を控えている人は、手術日の数週間前から、私たちの推奨範囲の上限を摂取するよう心がけてほしい。**

　推奨範囲の上限近くを検討する必要がある最後のグループは、ハードトレーニングを日常的にやる人や、体を激しく使う仕事をする人たちだ。**トライアスロンをやっていたり、毎日長時間、体力を消耗する仕事をしていたりする場合は、推奨範囲の上限を採用するのが好ましい。**

　一方、適度な運動をする人（例えば、ハイキングに行く、30分間マウンテンバイクに乗る、週に数回ヨガのクラスに行くなど）であれば、中程度のタンパク質量（体重500グラムあたり0.8〜0.9グラム）でうまくいく。体は常に古い筋肉細胞を分解し、タンパク質を使って筋肉細胞を新しくしている。激しい運動は筋肉組織に損傷を与えるので、分解

と再構築のプロセスを増幅させる。分解していく筋肉に適応するため、筋肉を再構築するプロセスのほうも活発になるからだ。しかし、この追加の修復には、より多くのアミノ酸が必要になる。そのため、タンパク質摂取量を増やすことが必須になる。

アナボリックウィンドウ（筋肉をはじめとする体の組織が新しく合成される期間）にも留意したい。一部の研究では、**運動終了後30分以内にタンパク質を摂取すると、筋肉の修復が促されることが示唆されている**。私たちは、エクササイズの直後に20〜30グラムのタンパク質を摂る考え方を支持している。プロテインドリンクの形で摂取するか、赤身肉などのタンパク質源に少なくとも約240ミリリットルの水を加えて一緒に摂取すると効果的だ。**水分が補給されているときに、最も速く、最も効果的にタンパク質合成が行われるからだ。**

プロテインパウダー
——いいのか悪いのか？

我が家が守っているルールの1つは「本物の食べ物を第一に」だ。食品には、さまざまな栄養素が複合的に含まれている。その代わりになるサプリメントなどないからだ。しかし、時間的な制約があったり、家に適当な食べ物がなかったり、安全な食品が手に入らなかったりするときに限り、プロテインパウダーを使う。牧草で育てられた牛のコラーゲンやホエイ（乳清）などを使った高品質パウダーが手に入るようになってからは、特にそうするようになった。

プロテインパウダーを使ってのタンパク質補給は忙しい人にはうってつけだろう。冷蔵庫に卵が見つからない、あるいは、10代の娘が何も食べずに飛び出しそうになっている朝には、プロテインパウダー入りのシェイク（または既製のプロテインシェイク）がお守り代わりになる。

プロテインパウダーの原料はさまざまだ。ホエイやカゼイン（共に牛乳誘導体）、卵タンパク質、植物性タンパク質などがベースになってい

る。幅広い選択肢があるため、ベジタリアンやビーガン、アレルギーがある人にも合った製品がある。動物性食品をまったく食べない場合、またはほんの少ししか食べない場合は、私たちの推奨量である約500グラムあたり0.7〜1グラムを満たすことは難しい。そのため、プロテインパウダーは考慮する価値があるものになる。植物ベースのプロテインパウダーが、乳タンパク質からつくられたホエイベースのパウダーと同じくらいの栄養価があるかどうかについては、議論がなされている。結論を言えば、**ほとんどの植物性パウダーは、完全なタンパク質をつくる必須アミノ酸の全種類を含んではいない**（外から摂取しなければならないEAAsは9種類あり、残りの11種類は体が自らつくっている）。

とはいえ、1回の食事ですべての必須アミノ酸を摂る必要はなく、タンパク質が豊富な他の食品を後で食べることで足りないものを補うことができる。

また、乳糖不耐症や乳製品アレルギーのある人にとっての選択肢になる植物ベースのプロテインの一部には、機能性が高いものがある。**筋力トレーニングをしながらのエンドウ豆ベースのプロテインの摂取が、筋力と筋肉量の増加においてホエイベースのプロテインと同じくらい効果的であったことを2つの研究が示している。**一方、大豆ベースのプロテインパウダーが、ホエイベースのパウダーに比べて筋肉量を増加させるかどうかを調べた結果はまちまちだった。

植物ベースのプロテインの研究は黎明期にあるので、使う場合は、量を多めにするか、違う種類を混ぜるかして、慎重を期したほうがいいだろう。オランダのマーストリヒト大学の研究者らが、原料別にプロテインパウダーのEAAsを比較したところ、ホエイパウダーが43%、カゼインパウダーが34%、エンドウ豆パウダーが30%、大豆パウダーが27%のEAAsを含んでいることを確認している。ただし、製品ごとに含まれるEAAsは異なっている。完璧を期すためにはラベルに記載された内容を読みながら、異なるパウダーを混ぜて使うようにしたい。

以前、選手の多くが乳糖不耐症であるカナダのホッケーチームに協力

したことがある。ベジタリアン用のプロテインパウダーを使ってもらったところ、結果は上々だった。乳製品ベースのパウダーで調子を落とすより、ずっとよい選択だったと言える。

プロテインパウダーをどう使うか？　最も簡単な使用法は、スムージーまたはシェイクに入れることだ。プロテインパウダーをスープに混ぜたり、パンケーキやマフィンの生地に混ぜたり、ヨーグルトに振りかけたりすることもできる。

プロテインシェイクが、多忙を極めるビジネスマンの悩みの解決策になった例がある。ビジネスでよく旅に出ていた人だが、その間、食事する時間がほとんどなく、旅するごとに体重と筋肉量が減ることに悩んでいた。彼にとって、プロテインシェイクは好ましいものだっただろうか？　そうではないだろう。しかし、体重や筋肉量を減らしたり、ジャンクフードに頼ったりするよりはマシであり、タンパク質源として短期的に使うにはとても重宝するものになったようだ。

> **心がけたい動きと習慣**

800グラムチャレンジとタンパク質強化

繰り返しになるが、この章は、食べ物の選択肢を広げることを目的にしていて、制限するためのものではない。この考え方は、体重を気にして制限することばかり考えている人にとっては恐怖かもしれない。しかし、心配には及ばない。いつもの食事に加えるのは、体重減少につながり、空腹感を抑えるのに役立つ食品ばかりだ。

800グラムチャレンジ

800グラムの果物と野菜はどのように見えるだろうか？　量はたくさんに見えるが、カロリーはそれほど多くない。多種類を選べば、美しいモザイクのように見えるだろう。異なる色の植物には、異なる栄養素が含まれている。混ぜれば、果物と野菜から多種類の栄養素を引き出すことができる。800グラムをクリアする最も簡単な方法は、毎回の食事や

おやつに取り入れることだ。豆、トマトソース、ピクルスやキムチなどもカウントできることをXページの表で思い出してほしい。当然のことだが、**サラダや野菜スープ、特に多種類の野菜を使ったスープは、一度に多量の野菜を摂るのに適した方法**になる。我が家では、夕食に「野菜3品ルール」を採用している。その夜の料理が何であっても、必ず3種類の野菜を入れるというもので、目標をクリアし続けるのに役立つルールになっている。

ブルーベリー　1カップ（148g）
スティック状にしたカットにんじん　2本（144g）
ひよこ豆　1カップ（160g）
ブロッコリー　1と1/2カップ（124g）
ロメインレタス　2カップ（94g）
マスクメロン　1と1/2カップ（160g）

リンゴ　中1個（182g）
マンゴーのぶつ切り　1カップ（165g）
スライスした赤唐辛子　1カップ（92g）
生ほうれん草　3カップ（90g）
スライスしたキュウリ　1カップ（119g）
サツマイモ　1個（130g）
スライスしたマッシュルーム　1/2カップ（35g）

みかん　2個（76g）
カリフラワーライス　1カップ（200g）
チェリートマト　1カップ（149g）
調理済みケール　1カップ（130g）
黒豆　1カップ（172g）

タンパク質を増やすことが健康への近道

　タンパク質がなぜ必要かは先に説明させてもらった。では、「何を食べるべきか？」に話を移そう。特定の食材を推奨するわけではないが、タンパク質が多く含まれている食品を選べば1日の必要量を満たすのが簡単になるのは明らかだ。つまり、動物性タンパク質がリストのトップにくる。動物性タンパク質は、分量あたりのタンパク質量が多いだけでなく、筋肉合成に欠かせない9つの必須アミノ酸すべてを含む「完全タンパク質」だ。動物性タンパク質を食べないとしても選択肢はたくさんあるが、ベジタリアンやビーガンのタンパク質源が完全ではないことに注意してほしい。動物性タンパク質と違って、食品ごとに含まれているアミノ酸が異なっているからだ。そのため、**1日を通してすべてのアミノ酸を摂取することを目指す**必要がある。この場合も、バラエティを豊かにすることが味方になる。選ぶ食材が多様になるほど、摂取できるアミノ酸が多様になっていくからだ。

　タンパク質の摂取量を増やすことが、健康な体に近付く方法になることを意識しよう。とはいえ、脂肪分が多すぎる、あるいは、加工されたタンパク質源を選択すると、効果を打ち消してしまうことも忘れないようにしたい（ベーコン入りダブルチーズバーガーをタンパク質源にすると筋肉を維持するためには役立つが、心臓に負担がかかる）。

　また、健康的だが高カロリーのタンパク質源を過剰に摂取すると、タンパク質が持つカロリー節約効果を無効にすることにも注意したい。例えば、ナッツや種子（揚げていない生ナッツや種子も含まれる）だ。栄養価が高いものの、油分が多いため、脂肪としてカウントされることが多い。動物性食品を食べない場合は優れたタンパク質源になるものの、どれだけ食べているかについては注意したい。ピーナッツバター小さじ1杯のカロリーがどれくらいあるか知っているだろうか？　およそ31カロリーだ。小さじ1杯のピーナッツバターであればたいしたことはな

い。しかし、大さじ4杯になると372キロカロリーになる。私たちは脂肪恐怖症ではない。体が栄養素を吸収するのを脂肪が助けるからだ。だから、鶏の胸肉やモモ肉は皮付きで食べたほうがいい。脂肪については合理的に判断してほしい。

タンパク質を一定間隔で摂取すると、体により多くの筋肉がつくことを研究結果が示している。そのため、各食事にタンパク質源を分散させると効果的だ。毎食事にタンパク質を摂取することを心がければ、目標摂取量を達成する可能性も高くなる。

知っておくべきことは、以下の通りだ。

1日のタンパク質必要量	
座りっぱなしの場合が多い	体重500グラムあたり0.7グラム
中程度の運動をしている	体重500グラムあたり0.8〜0.9グラム
65歳以上で、若々しいが筋肉の減少に気づいている人。アスリート、あるいは、激しく運動している人	体重500グラムあたり1グラム

タンパク質が多い食品	約90mlあたりのグラム数（注記のない限り）
鶏胸肉	26
リブアイステーキ	25
豚ロース肉	23
ツナ缶	23
エビ	19
カレイ	19
テンペ	17
子羊	15
豆腐	15
卵（大2個）	13

その他のタンパク質源	グラム数
レンズ豆（1カップ）	18
黒豆（1カップ）	15
ひよこ豆（1カップ）	15
カッテージチーズ、2％（1/2カップ）	12
ギリシャヨーグルト、低脂肪（1/2カップ）	11
枝豆（90ミリリットル）	10
キヌア（1カップ）	8
全粒粉スパゲッティ（1カップ）	7
オートミール（1カップ）	6
グリーンピース（1/2カップ）	4
アスパラガス（1カップ）	4
グアバ（1カップ）	4
ベイクドポテト（1個）	3

〈特別セクション〉
筋骨格系の痛みを軽くするには？

　筋骨格系（骨格を形成する骨と筋肉、腱、靱帯、関節、軟骨などの結合組織）の不快感や痛みは、生きていれば避けることができない。一方で、私たちの体は優れた治癒機械であり、ほとんどの痛みは自然に消えていく。また、本書で紹介している 10 の「心がけたい動きと習慣」を行えば、痛みが和らぐだろうし、将来、起こりうる不快感を防ぐのにも役立つはずだ。ここでは、痛む"部分"を、能動的に、変化させたり、軽くしたりする方法について説明したい。

　痛みは、何かを変えてほしいという体からの訴えだ。 どの程度「変える」かは、状況によって異なる。折れた骨が皮膚を破るとか、耐えられないほど痛むとか、日常生活がいつものように送れない場合は緊急事態であり、もちろん、医師にその状態を変えてもらわなければならない。しかし、**膝や腰、肩の痛みといった筋骨格系の痛みは、ケガではなく、現代のライフスタイルに起因することがほとんどだ。自分次第で、状態を改善できる可能性が高い。**

　私たちは、どこにでもクルマで行き、コンピュータの前に座り込み、誰かにお金を払って犬の散歩をやってもらうような世界にいる。欲しいものは玄関先まで配達されるので、スーパーの通路を歩かなくなった人も少なくない。筋肉や関節を使わなくなったことが私たちの"動く"能力を弱めている。このことは自覚しやすい。しかし、ズキズキする膝の痛みと、長く座っていることや、限られた範囲内でしか可動域を使わないこと、歩かないことを結びつける人は少ない。

　聴衆に向かって、「どこかに痛みがある人は手を挙げて」と問いかけると、若い人が多い場合でも 95％の人が手を挙げる。だから、医者に駆け込む人が多いのも不思議なことではない。2013 年のメイヨークリ

ニックの調査によると、成人が受診する理由で多いのは、関節炎による痛み、関節機能不全、背中のトラブルだ。

痛みがあると、ほとんどの人は医師や他の医療従事者を訪ねて解決しようとする。これまで通りの生活を続けようとして鎮痛剤やバーボンで痛みを紛らわせ、痛みがひどくなり、医師に相談せざるを得なくなるまで我慢する人もいる。別の解決策を提案してもいいだろうか？

医師を非難するつもりはないが（私は医師の息子であり孫でもある）、彼らは往々にして、それとわかるケガ以外の傷害を診る訓練を受けていない。現代医学が、ライフスタイル、不健康になった体組織、動きの質や可動域の問題を扱うのではなく、病理学とか、大事故に対処するために設定されたシステムだからだ。そのため、原因を特定できない痛みは、非ステロイド性抗炎症薬（NSAID）などの医薬品でコントロールしようとする。運動している人であれば、たいていはこうアドバイスされるだろう。「ランニング、水泳、サイクリング、リフティング……何をやっているかは知らないけれど、一旦やめましょう」と。このように、足首の痛みや腰痛、首の痛みなどに対して、医師ができることは限られている。

しかし、自分で筋骨格系の痛みに対処する方法がある。実際、ライフスタイルに起因する痛みは、ほとんどのケースにおいて、自分でケアすることができる。痛みを和らげ、気分を良くすることができるシンプルな方法について話をしたい。

上流と下流の考え方

まずは、自分の体が思っているほど壊れやすいものではないことを理解してほしい。だからといって、痛くなっていいわけではない。実際、体のどの部分を押しても痛みを感じないのが正常だ。その圧力がマッサージのように心地いいか、単に圧力がかかっているなと感じるものでなければならない。ではどうして押すと痛むのだろうか？　理由はいくつ

も考えられる。そこを使いすぎた、ひどく疲れている、水分が不足している、寝不足になっている、ピザを食べ過ぎたなど、どんなことによっても痛みは起こり得る。

私たちは、ロルフィングと呼ばれる身体調整法を開発したアイダ・ロルフの言葉を気に入っている。ロルフは、かつてこう言った。「そこだと考えたとしても、実はそこではない」。つまり、体の一部が痛むとき、そこに問題があるのではなく、その上（上流）または下（下流）で何かが起こっている場合が少なくないということだ。

例えば、大腿四頭筋、ハムストリングス、ふくらはぎなどの筋肉とか結合組織が硬くなることが膝の痛みとして現れることがある。大腿四頭筋やハムストリングス、臀筋が硬化することで背中が痛むケースも多い。体は各部分の単なる集合体ではない。各部分が他の部分に影響を及ぼす相互接続されたシステムだ。**この本を使って正しい診断を下すことはできないが、ちょっとした痛みであれば変化を起こす手伝いができる。**痛みを額面通りに受け取るのではなく、何が実際に起こっているのかを見てみよう。上流を見て、次に下流を見る。その痛みがどこから来ているか探るのだ。

筋骨格系に対する基本的なケア

体のある部分に感じる痛みが、実は体の別の部分が原因になっているのが「関連痛」だ。そういった類の痛みを和らげる具体的な方法を紹介したい。基本的なやり方は、実際に痛む部分ではなく、上流あるいは下流に圧力をかけたときに何が起こるか確認することだ。目星がついたらその部分を対象に、収縮と弛緩を繰り返す。

さらに良いのは、セラピーボールやフォームローラーを併用しての収縮・弛緩だ。フォームローラーを使うときは、ただ上下に動かすだけではダメで、左右に動かす必要がある。そうすれば、より広範囲にわたる組織に働きかけることができる。ここでは、長時間座った後の背中の痛みを軽くする方法を例にしたい。

長時間座っていると、お尻がパニーニ（平たいパン2枚で具材を挟んだ料理）のようになる。とりわけ、お尻にかかる重量によって、椅子に接している組織における血流と水分補給が台無しになる。それが背中の痛みやコリとして現れることがある。フォームローラーを使えば、この滞りを解消して、適切な流れを回復させることができる。以下がそのやり方だ。

肘のない椅子やベンチに座り、フォームローラーの端を片方のお尻の下に置く。その上に座骨がしっかりと乗るようにする。バランスを崩さないように注意しながら、臀筋とハムストリングスをフォームローラーの上で左右に転がす。こうすれば、筋肉系だけでなく、臀筋や腰の筋膜も刺激することになる。何も起こっていないようなニュートラルな感覚でスイスイと転がせるようになるまで続ける。

もう片方のお尻でも同じことを行う。片方につき3〜5分間を目安にする。これは、長時間、座ることによって起こる上流（背中）の不具合を、下流にある組織（臀筋とハムストリングス）を動かすことで改善できる例だ。

膝の痛みを自分で和らげる

収縮・弛緩テクニックは、体のどの部分にも施すことができる。今度は、多くの人が悩んでいる膝の痛みを例に上げる。うつ伏せになり、ボールまたはローラーを片脚の大腿四頭筋（太もも上部）の下に置く。息を吸いながら大腿四頭筋を4秒間収縮させ、次に息を吐きながら8秒間弛緩させる。膝の感覚が変わるまで、このサイクルを繰り返す。私たちのアドバイスは、**「変化が起こるまで、あるいは、変化しなくなるまで動かせ」**だ。

体のある部分を押すと痛む——この場合にも、収縮・弛緩テクニックを使うと痛みが和らぐ。ボールやローラーの上にある組織を収縮させることを、脳は脅威のない入力だと理解する。患部の筋肉、あるいは上流と下流の筋肉を呼吸と連動させながら数秒間収縮し、数秒間弛緩させれ

ばいい。

アイシングをやめるべき理由

2012年に、「アイシングと筋肉」というタイトルで YouTube に投稿した。筋肉痛や負傷した筋肉は、絶対、氷で冷やすなという内容だった。投稿直後から激しい反発にあった。アイシングをやめたくない人が多い理由は理解できる。冷やせば痛みが麻痺するからだ。アイシングは私たちの母親がやってくれたことであり、そうするようにと受け継がれてきた対処法でもある。確かに、一時的には痛みを軽くする。しかし、実際は、避けたほうがいい対処法だ。

筋肉に外傷ができた場合、体にはそれを素早く効果的に治すシステムが備わっている。そのシステムが行う最初の仕事は、「事故」が起こった現場とその周囲にある傷ついた組織と細胞、つまり生理学者が「老廃物」と呼ぶものの除去だ。次に行うのは、新しい筋線維と結合組織を再生することだ。体は「事故現場」に「清掃」と「修理」を行う「作業員」を送ってこの仕事をこなす。

しかしアイシングすると、事故が起こったことを「作業員」に知らせ派遣するための連絡が遅くなる。情報の流れも凍りつくからだ。その結果、「作業員」の動員がストップして、「老廃物」が除去されなくなる。氷の下で組織が麻痺すると、リンパ系の多孔性が高まることもわかっている。これが意味するのは、すでに隔離された老廃物が損傷部分へと戻ってしまうことだ。このように、症状を和らげるために患部を冷やすと、治癒が遅れたり、限定されたりする。

もう1つ考慮すべきは、ケガの後の炎症が悪いことではない点だ。炎症反応は治癒の原動力になる。筋骨格の痛みを抗炎症薬で治療することが疑問視されている理由の1つがここにある。痛みをブロックすると、治癒反応が弱まってしまうのだ。

アイシングしないほうがいいという考え方がフィットネス界で広まり

始めている。スポーツ科学を専門にする医師であるゲイブ・マーキンは、1978年の著書で、ケガはRICE（Rest, Ice, Compression, Elevation 休息、冷却、圧迫、挙上）で治療するようにと言っていたが、今はアイシング（ice）を推奨していない。

神戸大学などが2021年に行った動物実験では、（人間と同じような筋肉組織を持つ）マウスの過剰運動した筋肉をアイシングすると、そうしていないマウスよりも治癒に時間がかかることが明らかになっている。顕微鏡レベルで筋肉を観察したところ、アイシングしたマウスは、そうしていないマウスと比べて修復が有効なレベルに達するまでに4日長くかかることがわかったのだ。

冷たさがダメなら、熱さがいいということだろうか？　温熱は痛みを和らげ、特に筋肉が痙攣しているときには有効だ。冷たさとは異なり、**熱は血行を促進するため、治癒を早めることができる。熱を加える方法は、熱いお風呂に入る、熱いシャワーを浴びる、サウナに入る、カイロや湯たんぽを使うなどいろいろある。**痛みを和らげ、治癒を早めるには、冷たさより温かさのほうが優れている。

スポーツ界は頭字語を好むため、RICEの代わりとなる頭字語ができている。「PEACE & LOVE」だ。カナダの研究者によって考え出され、英国スポーツ医学ジャーナルで発表されたものだ。

P　Protect（受傷後の最初の数日間は痛みを増大させる活動を避ける）
E　Elevate（可能であれば、負傷した手足を心臓より高い位置に上げる）
A　Avoid anti-inflammatories（抗炎症薬の使用を避けること。抗炎症薬とアイシングは治癒を遅らせる）
C　Compress（圧迫する。腫れを軽減するために包帯やテープを使う）
E　Educate（不必要な受動的治療を避ける）
&

L Load（負荷をかける。少しずつ負荷をかけていき、そうしても安全であることを体に知らせる）

O Optimism（楽観的に。自信を持って前向きに）

V Vascularization（血管新生。痛みを起こさない範囲で、心拍数を上げる有酸素運動を行う）

E Exercise（エクササイズする。回復に向けて積極的に体を動かす）

バイタルサイン

6

179

バイタルサイン **7**

ちゃんとしゃがめるか？

自分の体を評価してみよう
- スクワットテスト

心がけたい動きと習慣
- スクワットのバリエーション

　最後にしゃがみ込んだのはいつだっただろうか？　今朝、ジムでスクワットをやったかもしれない。1カ月前に、子供と目を合わせるために膝を曲げたときだったかもしれない。しゃがむことは筋力を強化するためのエクササイズか、幼児と話すために取る稀な姿勢だと西洋文化では考えられている。しかし、しゃがむ姿勢は、人間本来の姿勢の1つ。私たちの体はしゃがむようにつくられており、いくつかの文化圏では椅子に座るのと同じくらい一般的な動作でもある。

　2018年、雑誌アトランティックに「アジア式の座り方」と題した記事が掲載された。そこには、しゃがみながら食事したり、喫煙したり、客を待ったり、アートを見たりする人々の写真が添えられていた。多くのアジア人が今でも、しゃがんでトイレをする事実はよく知られているし、しゃがんで出産する女性もいる。写真の中の人々が、くつろいだ顔

をして腰を下ろしている姿に私たちは驚いた。そのうちの1人はスーツ姿のまましゃがんでいるシンガポールの首相だった。

西洋人にはこういったスクワット文化はないものの、誰もが気づくことなく1日に何度も部分的なスクワットを行っている。椅子やトイレに座ったり立ったりすることは、スクワットだ（実際は半分の可動域しか使用していないが）。

この章で目指すのは、この動作をさらに進めて、**全可動域を使ったスクワットができるようになることだ。**スーツ姿で優雅にしゃがんでいたシンガポールの首相のように。つまり、いちばん深いところまで腰を下ろし、そこで留まれるようになってほしいのだ。

ある姿勢を取るとき、その動作で使われるすべての関節がエンドレンジまで達するように私たちの体は作られている。股関節を伸展させたり（バイタルサイン3）、肩を回転させたり（バイタルサイン5）するモビライゼーションをやってもらうのは可動域を取り戻してもらうためだ。

スクワットも同じだが、それは、1つの動作で、股関節の屈曲と外旋、膝の屈曲、足首の背屈を行うことになる珍しい動作だ。しゃがむことが難しい動作になっている人もいるだろう。しかし、繰り返しになるが、もともと私たちの体はスクワットをやるように設計されている。だから、誰もがこの動作を取り戻すことができる。

スクワット能力が向上すると、具体的な利点が生まれる。その1つは**腰痛になりにくくなる**ことだ。スクワットができないと、本来は股関節の屈曲によって行う動作を腰椎が代わりに行うことになる。例えば、庭の雑草を抜くときとか、空港でスーツケースを受け取るときに前かがみになってそれを行うことになる。しゃがめないので背中を丸めて前かがみになるしかないからだが、非効率的なこの動作は、脊椎に大きな負担をかける。脊椎は股関節よりはるかに弱い。負荷がかかった状態で広い動作域にわたって動かすものではないので、この代替的な動作が腰痛を

招いているケースが少なくない。

2つ目は、**足首の可動域を広げる練習になる**ことだ。スクワットをやっていると、デコボコした地面といった足元が悪い場所でも歩けるようになる。足首がエンドレンジまで達しても問題ないと脳が認識すると、その広い可動域を使って足首を素早く調整し、体を安定した状態に保てるようになるからだ。運悪く足首をひねったとしても、広い可動域を使ってその事態を処理し、何事もなかったかのように歩き続けることができる。

大人になってからしばらくスクワットをやっていない人にとって、次のテストが良い出発点になるだろう。もしお尻がストンと落ちてしまうようなら、定期的にスクワットを練習する必要がある。

自分の体を評価してみよう

スクワットテスト

両足を平行にして、リファレンス・フット・ポジション（つま先をまっすぐ前に向け、体重を、母指球とかかとの間でバランスさせる）に置く。その体勢から、腰を膝の下まで下ろすのがスクワットだ。胴部を直立させ続ける必要はない（それはエクササイズとしてのスクワットになる）。胴部を前に傾けると、しゃがむときにバランスを保ちやすくなるだろう。スクワットに慣れると、しゃがんだままとても快適に過ごせるようになる。

最初は不可能に思えるかもしれないが、ほぼすべての人がスクワットを難なくできるようになる。まずはしゃがむ能力において、あなたがどのレベルにいるか調べよう。そのうえで、スクワットに取り組む方法を教えたい。

準　備

障害物がない空きスペースが必要になる。動きやすい服を着て、素足になる。必要に応じて靴を履く。

テスト

スクワットするときは、背中の位置に注意する。何か重いもの（重りなど）を持ってしゃがむときは、背中をまっすぐにして、胴部を直立に保ったほうがいい。しかし、何も持たずにしゃがむときは、背中がまっすぐかどうかは関係ない。

さらに、深くしゃがんで背中を丸めると、椎間関節に滑液が補給されて脊椎が生き返る。重りを持たないテストなので、背中の状態を気にせず、股関節、膝関節、足首関節に集中してほしい。

両足を腰幅かそれ以上に広げて、まっすぐ立つ。スタンスを広くしても問題はない。広くするとしゃがみやすくなるので、やりやすいスタンスで。次に、膝を曲げ、お尻を床に向けて下げていく。足先をまっすぐ前に向けたまま、体重を、かかとと母指球にバランスよくかける。両腕を前に伸ばし、胴部を少し前に傾けると体が安定する。しゃがんでいる間の脊柱（背骨）の形を気にする必要はない。

次に、以下のいずれかの姿勢を取る。どの姿勢を取るにしても、その姿勢を保ちながら5回呼吸する。

1. お尻が床から数センチ高い位置にあり、膝の十分下に腰があり、つま先が前を向き、かかとが床上で平らになっている。これが、スクワットの理想的なエンドポジションだ。

2. 1の姿勢を目指すと転んでしまう場合、つま先を外側に向けて両足を離す。あるいは、両足をまっすぐ前に向けながら、かかとを浮かせる（つま先を外側に向けるよりもこちらのほうが望ましい）。

3. 2が難しい場合は、両脚の角度がおよそ90度になるくらいまで腰を下げる。

4. 3が難しい場合は、股関節を可能なところまで曲げる。

子供なら楽々できるこの動きができるだろうか？

足を外側に向けるとスクワットの深さを確保できるが、動きとパワーが制限される

椅子の高さと同じくらいまで腰を落とす

重要なのはどこから始めるかではなく、どこで終わるかだ

結果が意味するもの

■ 1 ができる

股関節、膝関節、足首関節の可動域が申し分ない状態にある。しゃがみ込む能力は、現代では当たり前のものではない。少なくとも週3回はディープスクワットを行って、この能力を維持してほしい。

■ 2 ができる

最高の状態近くにいる。スクワットをやるうえで難しいのは、両足先を前に向け続けることだ。両足を外側に向けたディープスクワットができる人は多い。それでもいいのだが、両足を外側に向けると、足首と股関節の可動域の不足をカバーすることができる。また、足裏のアーチを安定させるのに適した姿勢ではなくなる。だからこそ、足先を前に向ける試みには価値がある。とはいえ、大切なのはスクワットを定期的に行うことなので、足先の方向にかかわらず続けてほしい。

■ 3 ができる

椅子の高さまで体を下げて、その姿勢を保てるだけでもすばらしいことだ。「心がけたい動きと習慣」を行えば、徐々に脚の角度を90度以下にできるようになる。

■ 4 ができる

しゃがむことがつらい動作になっている。しかし、スクワットをマスターできない人を見たことはない。「心がけたい動きと習慣」を続けることで、無理のないペースでディープスクワット目指して進んでいくことができる。

いつ再テストすべきか？

ディープスクワットができなくて、シット・スタンド（188ページ）

をやっている場合は、ディープスクワットをマスターできるまで週に1回テストする。すでにディープスクワットができるなら、毎日しゃがんだ姿勢で過ごす時間を設けたほうがいい。できれば、毎日テストしてほしいということだ。

しゃがみ込むことで軟骨がよみがえる

　私たちがYouTubeに最初に投稿したビデオは、「10分間のスクワットテスト」と題したものだった。2010年のことで、撮影場所は裏庭。しゃがんで話すケリーにカメラを向け、スクワットの利点と、股関節、膝関節、足首関節の可動域を最大化するしゃがみ方を説明した。プロのアスリートとして私たちは頻繁に海外を旅していて、世界中でしゃがむ人たちを見ていた（そして、しゃがむスタイルのトイレも体験していた）。しかし、西洋世界には、この姿勢に自分の体を慣らそうとする人がほとんどいないこと、また、慣らそうと努力してもかなわない人が多いこともわかっていた。どうしてもその状況を変えたかったのだ。

　それには理由があった。**しゃがむことが、生きやすさに違いをもたらすからだ。**2002年に発表された中国と米国の大学による共同研究に、中国に住む高齢者と米国に住む高齢者の股関節炎の有病率を比較したものがある。それによれば、関節炎による股関節痛の発生率が、アメリカ人の男女と比べて、中国人の男女は80〜90パーセントも低かった。この違いを生む原因の一部が遺伝にある可能性を指摘しつつも、中国人の日常的な体の使い方に起因していると研究者らは結論付けていた。

　そして、「深くしゃがむと股関節がエンドレンジまで達し、直立姿勢では負荷がかからない股関節軟骨に負荷がかかる。使われない股関節軟骨は脆くなりやすいし、ストレスに弱い。しゃがむことが、軟骨のターンオーバーと再生を刺激している可能性がある」と報告している。

　しゃがむときは、股関節のほかに、足首と膝の2つの関節もかかわってくる。足首は過小評価されがちな部位だが、実は進化の賜物であり、

体全体のバランスを維持するうえでとても重要なものだ。この点については、バイタルサイン8でさらに詳しく説明したい。

床から起き上がるときにも欠かせない働きをしているため、足首の可動域が広ければ、バイタルサイン1のテストに合格する可能性も高くなる。足首にモビリティがあることは、アスリートにとってもメリットがある。**足首関節の可動域が広ければ、走る、ジャンプする、横方向にステップする、プールの壁をキックしてターンするなどの動きをパワフルでダイナミックなものにできるからだ。**繰り返しになるが、こういった激しい動きをしてもケガをしにくくなる点も忘れてはならない。

もう1つ大きくかかわってくるのが膝関節だ。膝を90度以下の角度に曲げるしゃがみ方は、その膝を悪くすると言う人がいる。しかし、躊躇する必要はない。関節は深く曲がるように設計されており、膝関節も同じだ。**スクワットは膝を傷めるどころか、膝を支える筋肉を鍛え、膝を保護するのに役立つ。**実際、最も人間的な行為の1つ——うんち——は、膝を深く曲げてしゃがむ能力に依存している。

ちょっと前までは、世界のどこにおいてもそのスタイルで排泄を行っていた。ある歴然とした事実がある。しゃがんでトイレする文化圏では、過敏性腸症候群や炎症性腸疾患などの消化器疾患の発生率が明らかに低いことだ。都会に住む私たちが使っているトイレは、椅子、コンピュータ、クルマを使うときと同様、体のデザインと一致しない不自然な姿勢を強いるものになっている。もちろん、それを放棄するよう求めているのではない。しかし、排泄時の姿勢について考えると、しゃがむのが自然であり、その一点を取ってもしゃがみ込むことが定期的にとるべき姿勢であることがわかる。

アジアを旅したり、キャンプに行ったりしない限り、しゃがんでトイレするチャンスはないかもしれない。しかし、床に落ちた何かを拾わなければならないときはあるだろう。ここで、スクワットができるととても便利だ。もちろん、脚をまっすぐにしたまま、股関節を90度に曲げ

て拾うこともできる。しかし、もっと手を伸ばさなければ拾えないとき
は？　2つ選択肢がある。1つは立ったまま膝を少し曲げて拾うことだ。
その場合は、脚の大きな筋肉ではなく、背中にある小さな筋肉を使って
拾い上げることになる（腰痛行きだ）。

　別の選択肢がディープスクワットすることだ。これなら、体を低くで
きるし、脚とお尻にある大きな筋肉を使って、対象物を拾い上げること
ができる。こっちのほうが安全で効率的なオプションになる。その都度、
股関節、膝関節、足首関節の可動域を広げる練習になる利点もある。

心がけたい動きと習慣

スクワットバリエーション

　体が覚えているので、驚くほど回復させやすい動作、それがスクワッ
トだ。以下は、スクワット技術を向上させることを目的に行うものでは
ない。前述の通り、私たちは部分的なスクワットをいつもやっている。
**練習するのは、いつもの座る動作を、いくつかの関節——股関節、膝関
節、足首関節——においてエンドレンジに到達させることだ。**

シット・スタンド

　ディープスクワットに向けて、体を少しずつ再訓練していくモビライ
ゼーション。最初は椅子を支えにし、その後、支えを使わずにスクワッ
トできるところまで進んでいく。

　椅子に足の甲を近づけて立つ。肩の高さで両腕をまっすぐ前に伸ばし、
膝をゆっくりと曲げ、お尻を椅子の座面に向けて下げていく。座面に少
し触ってからゆっくりと立ち上がる。2～3秒かけて下げるようにし、
ドスンと座らないように注意する。

　初日はこれを1回行う。2日目は2回行う。3日目は3回行う。20回
になるまで、毎日1回ずつ増やし続ける。20回に達したら、今度はさ
らに下方までスクワットする。

　椅子の代わりにもっと低いもの、例えば、コーヒーテーブルを対象に

同じ手順を繰り返す。20回できるようになったら対象物をさらに低いものに変えて同じ手順を繰り返す。最後は、対象物なしで行う。それがディープスクワットだ。ここでも20回になるまで、毎日1回ずつ増やし続ける。

足の親指の付け根からかかとまで、足の裏にかかる力を均一に保つ

ゆっくりと腰を下ろし、同じペースで立ち上がる

ディープスクワット・ハングアウト

　今やっている姿勢は大切だと脳に伝えたかったら、その姿勢（この場合は、しゃがみ込んだ状態）をキープすることが最良の方法になる。ディープスクワットをマスターしたら、能力を失わないよう、深くしゃがんでいる時間を1日3分間でもいいのでつくるようにする。会社の休憩時間にしゃがんだり、床に座っている時間（バイタルサイン1参照）に取り入れたりする。

この姿勢で座ることに慣れてほしい

〈特別モビライゼーション〉タバタ・スクワット

　タバタ式は、20秒間のワークと10秒間の休憩のサイクルを4分間繰り返す断続的なトレーニング手法だ。医師であり研究者でもある田畑泉博士が1990年代に普及させたものだ。筋力や持久力だけでなく、心血管系の機能を向上させるのでぜひ試してほしい。

　足を肩幅に開き、つま先をまっすぐ前に向ける。母指球とかかとに体重をバランスよくかける。膝を曲げてしゃがみ、膝の高さよりかなり下に腰がくるようにする。そこから立ち上がる。

　20秒間のうちにできるだけ多くこの動作を繰り返す。20秒になったら、10秒間休む。8サイクル繰り返すか、4分間使って20秒／10秒サイクルを繰り返す。各20秒間における回数を数える。

　最高回数がわかったら、すべてのサイクルで最高回数に達するように取り組む。スコアにするのは、そのうちの最低回数になる。

温冷療法の知られざるメリット

　私たちがこれまでに行った最高の投資は、裏庭に小さなサウナをつくり、その横にアイスバスを置いたことだ。体を温めて、冷却するのを繰り返す「コントラストセラピー」ができるようにするためだ。

　「コントラストセラピー」の「コントラスト」は、温熱源と冷熱源を行ったり来たりするときにさらされる温度の対比を意味している。「セラピー」のほうは、体への好ましいストレスに由来する。このセラピーは血管系を鍛えるワークアウトのようなものだ。**血管を収縮させたり拡張させたりすることで、より多くの血液が全身に送り出され、多量の酸素と栄養素を筋肉に届けることができる。**同様にリンパ系も活性化する。コントラストセラピーを使えば、運動後の自然な筋肉組織の破壊からの回復が早まる。痛みも軽く済み、筋肉を増大させる体の適応も早くなる。

　コントラストセラピーをやるうえでサウナやアイスバスは必ずしも必要ではない。シャワーの温度をコントロールしてもできるからだ。とはいえ、私たちはサウナがもたらす利点を気に入っている。高血圧、心血管疾患、脳卒中、アルツハイマー病のリスクを低下させるし、関節炎、頭痛、インフルエンザの治療に役立つ。定期的にサウナに入ると免疫機能が向上するため、そもそも病気にかかりにくくなる。80度から100度のサウナで5〜20分間を過ごすだけで、そういった利点が生まれる。フィンランド人が健康なのには理由があるのだ。

　コントラストセラピーにトライするときは、**少しずつゆっくりと体を慣らしていく必要がある。**熱い、冷たい、どちらの温度でも心拍数が上昇して呼吸が速くなるからだ。これは正常な反応だが、最初は不安に思うかもしれない。特に冷温においては、最初は手足のうちの1つか2つを入れるところから始める。

その後、少しずつ長く、つかる部分を増やしていき、最後に全身セッションに取り組む（熱さのほうが冷たさよりも慣れるのに時間がかからないと感じる人がほとんどだ）。シャワーを使う場合は、温度調節しながら慣れていくようにする。私たちの場合、サウナで約15分間過ごし、その後3分間冷水につかり、そのローテーションを数回繰り返している。

コントラストセラピーは、終わった後の爽快さに加えて、ちょっとした社交時間になる点が気に入っている。友人をディナーに招待したときは、夜をこれで締めくくる。セッションの最後はアイスバスにして、深部体温を下げる。体を睡眠に向けて準備させるためだ。寝酒よりはるかに健康的だし、誰もが眠たくなってくる。その夜は、招待客全員に深くて幸せな眠りを提供することができる。

バイタルサイン

7

バイタルサイン **8**

バランス能力が維持できているか?

自分の体を評価してみよう
- パート1：SOLEC
  （Stand On One Leg, Eyes Closed）テスト
  （目を閉じて片足で立つ）
- パート2：オールドマン・バランステスト

心がけたい動きと習慣
- バランスエクササイズとモビライゼーション

　大学卒業後、ジュリエットは学生時代の持ち物の多くを保管庫に移した。そこに、鉢植えの多肉植物が含まれていた。1年以上経った後、多肉植物を置き去りにしていることを思い出した。以前はカリフォルニアの太陽をたっぷり浴びて繁栄を謳歌していた多肉植物はほとんど死んだようになっていた。「しまった。でも、水やりをしてみようかな」と考え、鉢を光の中に運んだところ、しおれていた多肉植物は見事に生き返った。再び、光と水が与えられ、電源がオンになったからだ。

　この章で私たちがやろうとしているのはそれだ。あなたのバランス能力を再びオンにすることだ。例え死んでいるように見えても、それは、いつでも蘇生可能だ。私にはもう無理だと思う人がいるかもしれないし、元気に歩き回れるから必要ないと思うかもしれない。しかし、今どれだ

け足元が安定していようと、何もしないでいるとバランス能力は加齢とともに必ず劣化する。**転んで寝たきりにならないために、恐れることなくやりたいことをやるために、日常生活で楽に動く体でいるために——バランス能力を鍛える理由は無数にある。**

"動き"のすべてに影響し、身体能力のすべてを支える縁の下の力持ち、それがバランス能力だ。若いうちは気にも止めていなかったのに、60歳を超えると平衡感覚を失う危険性が一気に高まる。高齢者の転倒は紛れもなく世界的な問題であり、米国に限っても憂慮すべき数字が報告されている。CDCによると、毎日毎秒、高齢者が転倒している——それは年間でおよそ3,600万件に及び、高齢者におけるケガと、ケガがもたらす死の主原因になっている。転倒がもたらすケガや心理的影響は、行動範囲の縮小にもつながる。社会的交流を制限し、最終的には動くこと自体が億劫になって、体が弱っていく。それが、平衡感覚をさらに失わせるという悪循環に陥っていく。

社会はこの状況を、加齢がもたらす代償として受け入れているが、私たちはその消極的な見方を拒否したい。**必ず"転ぶ"必要はなく、バランス能力を保ち続けられることも、取り戻せることも知っているからだ。**転倒は高齢者だけに起こる問題だという考えそのものも間違っている。

例えば、大学生を対象に4カ月間調査した結果、その半数が何らかの形で転倒していることがパデュー大学の研究によって明らかになった。若者の転倒についての調査はパデュー大学以外でも行われている。ある研究によれば、学生は平均して週に1回つまずいたり滑ったりするが、ほとんどの場合、転ぶ前に体勢を立て直すことができる。転倒する最大の原因は、誰かと話しながら歩いていたことだった。18歳から35歳までの不慮のケガの3番目の原因は転倒によるものだ。

こういった話が、憂鬱に聞こえることは承知している。しかし、もともと人間は、重力の中で直立していられるものなので、バランス能力が衰えないように気をつけていれば、転倒数は急速に減少していくだろう。

バランス能力の改善は難しいことではなく、遊び——歯を磨いたり、皿を洗ったりしながらでもできる——に似ている。誰もがかつては子供だったので、上手にそうするやり方を知っている。ほんの少しの努力で大きな違いにつながるのがバランス能力だ。片足で20秒間立つことができなかった人が、突然、スラックライン（綱渡りの綱）の上でバランスを取れるようになる。目を閉じてもバランスが取れている。いつしか、その上でジャグリングしている！——ちょっと誇張し過ぎたが、バランス能力は、間違いなくオンになる！

自分の体を評価してみよう

パート1：SOLECテスト
パート2：オールドマン・バランステスト

　この2つのテストをやれば、バランス能力の異なる側面を評価できる。SOLEC（Stand On One Leg, Eyes Closed）テストは視覚情報を排除するテストで、オールドマン・バランステストは動的バランス能力——動きながらバランスを取ることができるか——を測定するテストだ。どちらも、バランス能力と深く関係している足について多くを知ることができる。足裏を通じて入ってくる情報をうまく脳に送ることができれば良いスコアが出る。

パート1　SOLECテスト

　足元がどれだけ安定しているかは、足そのもののほかに3つの要素によって決まる。視覚、内耳、それと、筋肉／腱／筋膜／関節に散らばっている固有受容器だ。体と周囲との位置関係を教えてくれる視覚は、体を安定した状態を保つうえでとても重要な要素だ。「見る能力」を除外すると、体に備わっている他のバランスツールに頼らなければならなく

なる。SOLEC テストは、視覚以外のあなたのバランスツールがどの程度機能しているか知ることができるテストだ。目を閉じて片足で立って行うが、簡単なことではなく、バランスを維持するうえで視覚がいかに重要であるか理解できるだろう。

準　備

秒針の付いた時計を用意する。時間を測るが、目を閉じて行うので、誰かにサポートしてもらうとやりやすい。タイマーを使ってもいい。障害物がない床で裸足になる。

テスト

広々としていて、障害物がない床の上に裸足で立つ。転倒に備えるために壁の近くで行う。目を閉じ、片脚を曲げ、そちら側の足を床からできるだけ高くまで上げる。足を下ろした回数を数えながら、20秒間この姿勢を保つ。

必ず腕を組む必要はない。そうすると、バランスを取るのがより難しくなる

結果が意味するもの

バランスを取り戻すために足を床に触れさせた回数がスコアになる。左右を別々に評価する。

■まったく触れなかった

バランス感覚に優れていることを示している。毎日テストし続けることが、バランス能力の維持につながる。

■1〜2回、触れた

かなり良い。「心がけたい動きと習慣」を少し行えば、触れなくなる

だろう。

■ 3回以上、触れた

この結果を知れたことは幸運だ。バランス能力改善に着手しよう。細心の注意を払って、この章を学んでほしい。

いつ再テストすべきか？

このテストを毎日やらない理由はない。そして、テストすること自体がバランス能力を高める練習になる。

パート2 オールドマン・バランステスト

信頼できるこの評価法は、有名な持久力コーチであるクリス・ヒンショーの発案による。テスト名に騙されないでほしい。年齢が若くても、簡単なものではない。とはいえ、練習すれば誰もが合格できるようになるものだから掲載している。モビリティ能力とバランス能力は相互に補い合う。そのため、この章以外にある「心がけたい動きと習慣」を練習することもこのテストをパスするうえで役立つものになる。

準 備

紐を結ぶタイプの靴と靴下を用意する。広々としていて何も置いていない床の上で裸足になる。靴と靴下を目の前の床に置く。

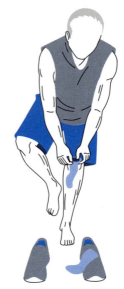

このテストは日常生活に組み込めるものだ。繰り返す機会は無数にある

| テスト |

片方の靴下を持ち上げるために手を伸ばす。同時に、右脚でバランスをとりながら、左脚を後ろに伸ばす。左足を上げたまま直立姿勢に戻る。できれば何もつかまずに、靴下を履き、次に、手を伸ばして靴を拾い上げて履く。靴紐を結び、左足を床に戻す。反対側でも同じ手順を繰り返す。バランスを取っている間、呼吸を止めないようにする。

結果が意味するもの

バランスを取り戻すために、床に足が触れた回数がスコアになる。左右を別々に評価する。

■まったく触れなかった

バランス感覚に優れていることを示している。毎日テストし続けることが、バランス能力を維持することにつながる。

■1〜2回、触れた

かなり良い。「心がけたい動きと習慣」を少し行えば、触れなくなるだろう。

■3回以上、触れた

この結果を知れたことは幸運だ。バランス能力改善に着手しよう。細心の注意を払って、この章を学んでほしい。

いつ再テストすべきか？

このテストを毎日やらない理由はない。そして、テストすること自体がバランス能力を高める練習になる。

頭からつま先までのバランス

赤ちゃんの成長を観察していると、世界を探索しながら、バランス能力を学び発達させていく様子がわかる。お座りを学んでいてバランスが

崩れそうになると体を起こそうとする。そのうち、両脚を使って立ち、歩くようになる。歩くときのバランスの取り方を学ぶには時間がかかる。生後12カ月から19カ月の幼児は、1時間あたり平均17回転ぶという研究を覚えているかもしれない。しかし、体重が10キロのとき転ぶのと、体重が50キロや100キロになったときに転ぶのとでは受けるダメージが違う（だから、私たち大人は転ばないよう心がけているのだ）。

　幼児のトライ&エラーの頻度から考えると、バランス能力は人にとって早い段階から取り組むべきものであることがわかる。しかし、いったん手に入れると、ほとんどの人が見向きもしなくなる能力でもある。その理由の1つは、体のさまざまな場所にあるさまざまな「ツール」がかかわっている複雑なシステムだからだ。高齢になってきたので転ばないために鍛えようとしても、どう鍛えていいかがわからない。両足の上の体を何が安定させているのかを知る人は少ない。まずはその説明を試みたい。

「感覚」と「機能」の間の情報交換に依存しているのがバランス能力だ。
足元から目に至るまでのあらゆる情報源から入ってくるデータを脳が統合し、意識しなくても体が安定した状態を保てるようにしている。人がふだんやっていること——食べることからセックスまで——に集中できるのは、この最速かつ最高のデータ処理能力を使って体を平衡にさせて、頭と体を守っているからだ。

　バランスに関与する主要なシステムは3つある。その1つが別名「内耳」と呼ばれる前庭系だ。耳の奥に、迷路のように入り組んだ三半規管があり、内部がリンパ液で満たされている。頭が動くと、規管内のリンパ液が一緒に動いて極小の有毛細胞を刺激し、その刺激が電気信号となって脳に伝わっていく。その情報に基づいて、脳がどう体のバランスを保つのがいいかの指示を体に向かって返している。

　バランス能力は、「固有受容覚」と呼ばれる別のシステムにも依存している。筋肉、関節、靭帯、腱には、体の位置や動きに関する情報を中

枢神経系（脳と脊髄から成る処理中枢）に送る受容器が埋め込まれている。その受容器から入ってくる情報をもとに、中枢神経系が体を平衡に保つための情報を筋肉に送り返している。

　実際、今いる環境で起こっている変化を認識し、重心を維持するためにその変化に合わせて体の向きを調整することが中枢神経系の本質的な役割の1つである。処理速度はすばやい。情報が入力され、バランスをとるために筋肉が動き出すまでの時間はわずか数ミリ秒だ。この処理速度を使って、つまずいたときに姿勢を正したり、自転車がふらつき始めたときにバランスを回復させたりしている。バスケットボール選手が下を向かずにボールをドリブルしたり、サッカー選手が転ばずにキックしたりできるのも「固有受容覚」があるからだ。目を閉じて、頭のてっぺんを触ってみてほしい。そうできるのは瞬間的に鋭い身体認識をもたらす「固有受容覚」が働いているからだ。

視覚による情報がバランス能力を左右する

　バランスの三要素の最後が視覚だ。目を閉じて頭のてっぺんを触るよりも、目を開けてそうしたほうがうまくできる。このように**視覚もバランスを保つうえでとても重要な要素**だ。そして、頭が動くと、内耳が目を動かす信号を送って視線を安定させている。内耳と目の連携によるこの安定した視力がなければ、障害物を避けることが困難になるだろう。

　SOLECテストをやるとわかるように、バランスシステムから視覚を除くと、同じ場所にいても平衡状態を維持するのが難しくなる。体が静止しているときも、直立状態を維持するための情報を目が脳に提供しているからだ。その情報が入ってこなくなるのでバランスが崩れやすくなる。

　このように「情報」がバランス能力を左右する鍵になる。脳が体のさまざまな場所から送られてくる情報をもとに体を安定させているからだ。そのため、情報が入ってこなくなると、文字通り、すべてが不安定になる。

201

バランスを保つうえで、足も多くを担っている。レオナルド・ダ・ヴィンチは「人間の足は工学上の傑作であり、芸術作品でもある」と言った。ダ・ヴィンチは足を正しく理解していたようだ。**足は、私たちの体重全部を支える土台としての役目を果たす一方で、私たち（の脳）に多くを語りかけている。**先ほど説明した「固有受容器」が特に足裏に集中しているからだ。さらに、脳内には、足から送られてくる情報を処理するための広いスペースがある——それは、手から送られてくる情報を処理するためのスペースとほぼ同じくらい広いのだ。

裸足になる機会がほとんどなく、クッション性がある靴に足を詰め込んで凹凸が無い表面を歩いているのが現代人だ。「人の動き」の専門家であるフィリップ・ビーチは、靴を「感覚遮断室」になぞらえている——バランス能力を養い維持するのに役立つ外からの入力を奪い、足裏からの「情報」を待っている脳内のスペースを無用の長物にしているのが靴だ。空間内のどこにいるかについての情報が脳に不足することが腰痛を起こす原因の1つという仮説さえある。十分なデータが来ないと、脳は、体をどのように組織化し、動かしたらいいか適切な判断ができなくなる。そのことが、腰の不快感や機能不全につながっている可能性があるというのだ。

足裏からの情報をキャッチできているか？

バランス能力を取り戻すには、入ってくる情報に対して敏感な足裏が必要になる。一部のNFLチームは、ときどき選手を裸足で走らせる。そこには意味があるのだ。

映画ファンなら、最初の『ダイ・ハード』（1988年）のこんなシーンを覚えているかもしれない。飛行機の中でブルース・ウィリス演じるジョン・マクレーンが、隣合わせた人から「空を旅するときの秘訣は、目的地に着いたら靴と靴下を脱ぎ、裸足でそこら中を歩き回ることだ」とアドバイスされる。

この話にはオチがあって、その後に起こった不測の事態のために、マ

クレーンはずっと靴なしで過ごすことになる。いささか、そのアドバイスを守りすぎるハメになるのだ。

　足首もバランスをとるうえで重要な役割を果たしている。足と同様に、足首にも、自分が空間内のどこにいるかを脳に知らせるセンサーが集中している。また、十分な可動域を備えた足首でなければならない。道に落ちている大きな石やビーチの砂など、私たちを転倒させる恐れのある足元の状況に器用に反応できるようになるからだ。大切なのは、**バランスを決して失わない体にすることではなく、バランスを失いそうになったときに立て直す能力がある体にすることだ**と私たちは考えている。バランスを失うことは、誰もが経験する。そうなったとき、どれだけうまく処理できるかが重要だ。足裏にあるセンサーが良好であれば、状況をキャッチした脳がバランスを回復させるための情報を即座に返してくれるだろう。

「土踏まず」がある意味

　小さいながら大きな仕事を担っているのが、骨、筋膜、靱帯、腱からなる「土踏まず」だ。その仕事は、かかとと母指球の間で、体重を支えることにある。足をダイナミックなバネに変え、無数の異なる動きを可能にしているのも「土踏まず」だ。医療界もこのアーチの重要性を認識していて、靴に入れる人工的なアーチサポート（装具）まで開発されている。

　しかし、それは必要なものだろうか？　「ウェストバージニア州のニューリバー渓谷橋や、中国にある多くのアーチ橋を Google で見ると、何がアーチを支えているかがわかる」とランニングコーチであるニコラス・ロマノフは言う。そこには何もないのだ。まあ、まったく何もないわけではないが。アーチ橋の重量は、「橋台」と呼ばれる両端にある土台にかかる。足の場合は、かかとと母指球に当たる。

　ここで言いたいのは、<u>アーチは多かれ少なかれ自立している必要がある</u>ということだ。確かに、ケガをしたり足が極端に痛んだりする場合は、人工的なサポートが必要になる。しかし、アーチサポートを生涯着用することは、腕を折った後に完治しても三角巾で吊るし続けるようなものだ。そのサポートは不必要なだけではない。"土踏まず"を弱いものにしてしまう。

　いわゆる扁平足の人のアーチも実際には機能している。リファレンス・フット・ポジションを取ってもらうと、自分にはないと思っていたアーチが隠れていただけだったことに気づく人もいる。確かに、アーチがとても低い人はいる。しかし、リファレンス・フット・ポジションに立ったときにアーチを持たない人は、私たちが確認した足の中で1つも発見されなかった。これが意味するのは、<u>立ち方を整えることで、アーチの機能性が向上し、ステップにバネが生まれ、バランスの向上につながる</u>ということだ。

また、リファレンス・フット・ポジションに立てば、足首の歪みの予防にもなる。足首の歪みは、体重が均等に配分されず、足首が前後左右に傾くことで起こる。足首の歪みは、足首の可動域が制限されているとなりやすく、下肢のケガの前触れになることも多い。

　ディビジョンⅠ（全米大学体育協会の最高レベルに位置するカテゴリー）の女子水泳チームにアドバイスしたことがある。足と足首の強化が課題の１つだった。最初に気になったのは、水から上がった選手たちのほとんどがビーチサンダルやアーチサポート付きのとても柔らかい靴を履いていたことだ。それが、彼女たちの足を弱くし、鈍感にしているように見えた。その習慣をやめれば、スタートブロックを強く蹴って早く飛び込めるようになるし、より力強いターニングができるようになるのではと私たちは考えた。

　足を中心にしたコンディショニングを始めた最初の２週間の間に、歩くと足がけいれんするというメールが何人かから届いた。スーパースターアスリート揃いだったが、足は弱かった。しかし、２週間がすぎると、けいれんが止まり、プールで成果が見られるようになった。**足の改善によって体全体の機能性が向上し、水中でのキックも格段と強いものになっていった。**

なぜバランス能力を維持する必要があるのか？

　ジュリエットの母親、ジャネットは、60代で自転車に乗るのをやめた。二輪上でバランスを取る自信がなくなったからだ。ジャネットと一緒にバカンスに行ったとき、自転車を借りようと誘っても「とんでもない」という返事だった。今77歳だが、よく運動しているし、体も引き締まっていて元気いっぱいだ。バランス能力を養うためにダンスと太極拳を始めたところだが、自転車には乗れずにいる。ほとんどの人と同じで、ジャネットも若い頃にバランス能力を維持する大切さを考えることがなかった。そして、情熱を注いできた運動の中に、バランス能力を強化するものがなかった。

　ボブ・リヒトのことも念頭にある。彼はジャネットと同年代だ。シー・トレック（カヤック旅行やクラスを運営する会社）の創始者であり、今も、バランス能力が問われるスタンドアップパドル、急流カヤック、マウンテンバイクを続けている。ボブが良くてジャネットが悪いわけではない。ボブのほうが稀な例だ。これは、バランス能力を意識するかどうかで、将来、何が起こるかを示す例にすぎない。他の能力と同じで、バランス能力も、使うか使わないかの問題なのだ。

　年齢とともにバランス能力も変化する。三つのシステムから送られてくるさまざまな信号を、中枢神経系がうまく、あるいは素早く統合することができなくなる。固有受容覚の機能も低下する。内耳に変化が起こり、特に、有毛細胞が減っていく。視力も低下していく。

　この事実は、ある程度まで避けられない。しかし「ある程度」だ。ボブ・リヒトと同じように、ある種のエクササイズやバランストレーニングをやればバランスシステムに起こる自然な劣化を食い止められることがわかっているからだ（例えば、太極拳を定期的に行えば固有受容覚が改善する）。

　高齢者（60歳から86歳）よりも、若い人（19歳から27歳）のほう

が、より細かく「固有受容覚」が調整されているのは当然だ。しかし、**運動している高齢者のほうが、運動をしていない高齢者よりも「固有受容覚」がより細かく調整されている**ことが、1997年のウェスタンオンタリオ大学の研究で明らかになっている。この研究に参加した高齢者たちは、運動をしていただけで、特にバランス能力改善に取り組んでいたわけではない。

では、実際に取り組んだらどうなるだろうか？ 2020年、オーストラリアの研究者グループが過去行われた研究を包括的に調査している。その数は116件で、参加者の総数は25,000人を超えている。そこからわかったのは、バランス訓練や機能訓練を行った65歳以上の人は、転倒する可能性が対照群と比べて24％低くなることだった。

そして、週に3時間以上のバランス訓練と機能訓練、そこに他の運動を組み合わせて行っている人は、転倒するリスクが42％も低かった。しかも、**転ぶ可能性が低くなるだけではない。バランス訓練をしている人は、転んだとしてもケガや治療が必要になる可能性が低いことも明らかになっている。**

バランスというと、普通は、障害物を避けたり、つまずいたり重心を失ったりして転倒しそうになった体を立て直すことをイメージする。しかし、私たちは、空間をスムーズに移動するために常にバランススキルを使っている。スポーツやエクササイズにおいては特にそうだ。サイクリング、サッカー、バスケットボール、スキー、アイススケート、サーフィン、体操、ヨガ、太極拳、気功など、バランス能力に大きく依存する運動をやればバランス能力を強化することができる。そして、**少しでもバランス能力が強化されれば、機敏性やスピードといった運動能力が向上することを実感するだろう。**

遊びながらバランス感覚を鍛える

下の娘が赤ちゃんだったとき、おしゃぶりに夢中だった。毎晩、口にして寝るのだが、夜中に必ず口から落ちて、それに気づいて泣き出すのだった。この「大事件」が勃発するごとに、私たちもしょっちゅう起きなければならなかった。かかりつけの小児科医がすばらしい解決策を教えてくれた。「おしゃぶり20個をベビーベッドに並べればいい」と彼は言った。「手の届くところにいつもあることになるからね」と。それは、まるで魔法のような解決策だった。

バランス能力を鍛える方法にも、そのアドバイスを取り入れることにした。私たちの家やオフィスには、さまざまなバランスツールが散らばっている。すぐそこにあるので、無意識的に使うことになる。来客者もそれを楽しむ。

周囲にバランスツールがあれば、遊び感覚でバランス能力を向上させることができる。バランストレーニングは、スケジュールに書き込んでやるような堅苦しいものではない。ちょっとした隙間時間にやるものだ。BOSUボール、バランスボード、ミニトランポリンなど、バランスツールはたくさんある。

スケートボードに乗ることもバランストレーニングになる。石けり遊びもそうだ。塩ビパイプを使って平均台をつくった猛者もいる。

ツールなしでもできる。<u>歯を磨いたり皿を洗ったりするときは片足で立つ、テレビを見ながらヨガの「木のポーズ」をやる、想像上の線の上を行ったり来たりするなど、方法は無限にある。</u>

近くに低い障害物がないだろうか？　障害物をまたぐときに安定した状態を維持できるか試してほしい。裸足になって歩き、足裏からの刺激を感じよう。子供の頃は誰もがそうやって遊んでいたはずだ。転倒が気になりだす年齢は、バランス遊びを再発見すべき年齢でもあるのだ（楽しめるよ！）

> **心がけたい動きと習慣**

バランス練習とモビライゼーション

バランスワークをやる人は少ない。せいぜい、ケガをしたり手術をしたりした後、フィットネストレーナーや理学療法士が指導するリハビリで行うくらいだ。専門家としての意見だが、バランスワークをやるのに専門家に頼る必要はない。自分で行う方法を紹介しよう。

1つ目はYバランス・モビライゼーションだ。これは、バランス能力とケガをするリスクを評価するためにアスリート向けに行われるテストに基づいている。動的バランス（動きながらバランスをとること）を改善するのに役立つ。

2つ目はジャンプだ。縄跳び用のロープを使ったほうがいいが、使わなくても構わない。つま先を使って素早く上下するだけのジャンプにも、ロープを使ったジャンプと同じ効果がある。**ジャンプすると、バランスシステムを錆びつかせないだけでなく、生命を維持するうえで重要なシステムを刺激する——腹腔内の臓器を活発に動かす——のは確かだ。**

運動生理学者であり栄養科学者であるステイシー・シムズ博士は、特に女性にはボーナスがもう1つあると言う。**骨密度の向上だ。**シムズ博士は、閉経前の女性を対象に、16週間の高衝撃ジャンプトレーニング——10〜20回ジャンプし、各ジャンプの間に30秒間の休憩を挟む。それを1日2回行う——を行った結果、無名骨（腸骨、坐骨、恥骨から成り立つ、骨盤の半分を形成する骨）の骨密度が向上すること発見した。**バランスのためだけでなく、骨のためにもジャンプすべきなのだ。**

3つ目は、下肢と足の組織を敏感にする方法だ。基本的にはセルフマッサージなのだが、下肢がどれほど硬くなっているかに驚くかもしれない。

Y バランス・モビライゼーション

　床上に書かれた大きなYの字の中心に自分が立っていると想像する。足を異なる方向に伸ばして、どこまで届くかに注目する。膝を曲げたり、体を傾けたりしても構わない。脚を伸ばして3回呼吸する間、バランスを保つことがゴールになる。

　広くて障害物がない床の上に裸足で立つ。Yの字の真ん中に立っていると想像する。Y字をつくる3本の線のうち、Yの字の下にある長い1本が目の前に伸びていて、上部にある2本が体の後方の左と右に伸びている。片脚でバランスをとりながら、もう一方の脚をできるだけ前方に伸ばし、Y字の底につま先で触れる。3回呼吸する。

　次に、伸ばしたほうの足をその同じ側の後ろに伸ばし（左足なら左後ろに伸ばす）、Y字の上部に触れる。ここでも、バランスを崩さずにできるだけ遠くへと伸ばし、3回呼吸する。次に、同じ足を反対側の脚の後方へ移動させて、できるだけ遠くまで伸ばし、Y字のもう一方の上部に触れる。3回呼吸する。反対側の足を使って繰り返す。

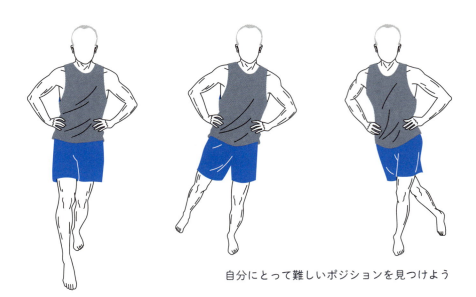

自分にとって難しいポジションを見つけよう

バランス強化とジャンプ

なぜ、ジャンプしたほうがいいのか？　バランス能力を高めることはもちろんだが、心拍数が上がり、血液やリンパ液が流れ、カロリーが燃焼するからだ。健康に良いだけでなく、ウォーミングアップにも適した方法になる。運動前の習慣にすれば、ウォーミングアップとバランストレーニングが一度にできて一石二鳥だ。

■ 縄跳び

縄跳びなら、上体を直立させた状態で、両足で100〜200回ジャンプする。常につま先でジャンプする。高くジャンプする必要はなく、地面から数センチ離れればよい。次に、左脚を少し曲げて地面から上げ、右足で50〜100回ジャンプする。左右を入れ替えて、繰り返す。

■ バウンシング

バウンシングは、両手をカウンターに軽く置くか、片手を壁に置き、つま先で立ち上がり、上下に50回素早く跳ねる運動だ。毎回かかとを床に下ろす必要はなく、必要に応じて下ろすようにする。次に、左脚を少し曲げて上げ、右足で25回跳ねる。左右を入れ替えて、繰り返す。

■ 骨のこぎり

ふくらはぎとアキレス腱の組織に入り込むセルフマッサージのようなものだ。コリがあると不快かもしれないが、そのコリが軽くなるのでやる価値がある。

床にクッションを置き、四つん這いになって、両すねをクッションの上に置く。左脚の下部全体を右に傾ける（すねはまだクッションの上にある）。右の足首を左ふくらはぎの下部に置く。ノコギリのような動きで圧力をかけながら、ふくらはぎの下部を横切らせつつかかとに向かって足首を動かす。のこぎりを動かしながら上に戻す。3〜5分間繰り返

す。左右を入れ替える。

自分の足をのこぎりに見立てて、3〜5分動かすことで足の感覚がよみがえる

ふくらはぎストレッチ・クロスオーバー

　古典的なふくらはぎストレッチのように思えるかもしれないが、反対側の足を横に踏み出す調整を加えて、ダイナミックなものにする。鍛えているほうの脚をまたぐことで股関節を伸展させるので、ふくらはぎのより深い組織までアプローチすることができる。

　縁石やブロックの上に立つ。右かかとを地面に下ろして、足を上向きにする。次に、左脚を右脚の前で交差させ、その姿勢を保ちつつ5〜10回呼吸する。また、力を加えた側（左脚）の臀筋を締めることができるか試す。反対側でも同じ手順を繰り返す。

臀筋をしっかり締めることがポイント

フットプレイ

　床やソファに座った状態で、片足を引き上げて、かかと、土踏まず、母指球、足の甲をマッサージする。指を使ってつま先を広げ、足の前部を前後にひねる。足を外側にしごいたり、つま先を曲げたり伸ばしたりする。これを数分間続ける。好きなだけ行い、反対側の足でも行う。

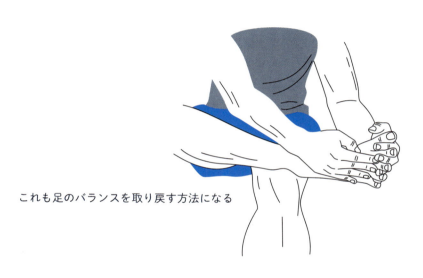

これも足のバランスを取り戻す方法になる

バイタルサイン **9**

立って仕事できる
環境があるか？

自分の体を評価してみよう
☐ 座っている時間を調べる

心がけたい動きと習慣
☐ 立って仕事する環境をつくり、レベルアップさせていく
☐ 座っているときも動く

　ベイエリアに本社を置く大企業が行ったすばらしい試みを聞いたことがある。従業員全員のコンピュータに、時計の長針が12を指すと、そこから5分間スクリーンがロックされるソフトウェアをインストールしたのだ。会社にいる誰もが椅子から立ち上がり、動くようにさせる健康への取り組みだった。その結果、1時間ごとに全員がオフィス内をぶらぶらするか、休憩室にコーヒーを飲みに行くようになった。少なくとも、立ち上がってストレッチするようになった。このスクリーン・ロックアウト政策は、座ることで強いられるL字やC字の姿勢から従業員を解放するだけでなく、仲間意識を育むことになり、職場を快適な場所に変えた。

　座っている時間を制限すると、動くしかなくなる。座ってパソコンを見るなとか、スマートフォンを手放せとか、ラッダイト（19世紀、イギリスで起こった機械を破壊する運動）に参加せよと言っているのでは

ない。私たちや私たちの子供がデジタル機器を手放すことはない。少なくとも次の技術革命が起こるまで、座ってスクリーン相手に仕事するスタイルは変わらないだろう。したがって、別のアプローチ法が必要になる。私たちの体は、今も先史時代にいる。**"動く"ためにできているこの体を、スクリーン時代に"動かす"方法が求められているのだ。**

　全力疾走するとか重いものを持ち上げるといった大げさな動きは必要ない。姿勢を頻繁に変えたり、体にかかる負荷を調整したり、そわそわするだけでいい。「じっと座っていられない」人は、嘲笑の対象になりがちだ。しかし、そういった人は本来のやり方で体を扱っているのだと私たちは主張したい。"設計上"私たちの体が一日中動くようにつくられているからだ。

　バイタルサイン4で、座りっぱなし、特に、長時間座り続けることによる健康への影響について話をした。たとえエクササイズをやっていても、椅子に座って過ごす時間が長いと効果が弱くなってしまうことも理解してもらっていると思う。実際のところ、座っていると体を動かさなくなる。もちろん、一日中座っているべきではないのだが、多くの人がそうしている。平均的なアメリカ人が座っている時間は、推定で日に7〜10時間になる。別の言い方をすれば、起きている時間の50〜70パーセントだ。

　ところが、座りがちな人の典型的な1日を考えると、その推定値は甘いように思える。朝食を食べてニュースを読む（30分）、クルマで職場へ行く（30分）、昼食まで座って仕事する（4時間）、昼食を食べる（1時間）、机に戻って仕事する（3時間）、クルマで帰宅する（30分）、夕食を食べる（30分）、テレビを観る（2時間）。合計すると12時間になる。以上を行うための歩行時間を1時間と見積もって、それを引いても11時間だ。こういった毎日を何年、何十年と続ける人が少なくないのだ。この毎日が筋骨格や可動域に与える影響はどれほどのものになるだろうか？

バイタルサイン4に従って、毎日、ウォーキングしていたら、あなたはより多く動き、より座ることが少なくなる方向に向かっている。**毎日にもっと"動き"を取り入れるには、1日の大半を立って過ごすことがその方法になる。**立っていれば動きが起こる。立っていることが動きへの入り口になるからだ。つまり、より多く立っている人はより多く動く人になる。一つひとつは小さな動きかもしれないが、それが累積していくので、結果的に大きな違いをもたらすことになる。

自分の体を評価してみよう

座っている時間を調べる

長時間座っていることが健康上のリスクにつながる研究結果が次々と発表され、一般の人々の目にも触れるようになっている。ところが、「座っている時間を制限したほうがいい」という大まかな推奨以外に、どれくらい制限すべきかについての確固たるガイドラインは存在しない。そこで目安となるガイドラインを提案したい。

97ページで紹介した通り、いくつかの研究が、1日3時間未満しか座らない人と比べ、1日6時間以上座る人は、女性で37%、男性で18%死亡率が高くなることを示している。この研究結果と、デスクでハードワークしている人たちの現実を考慮すると、**座っている時間を1日6時間に抑えることが合理的な指針になる**と考えられる。私たちは動きの専門家なのだが、1日6時間までという指針は、動く能力に悪影響を及ぼさない許容時間に一致する。ある意味、あなたも動きの専門家であり、座りっぱなしが有害であることを体験から知っているはずだ。10〜12時間椅子に座った後、うまく動けるだろうか？　体がこわばって不自由を感じ、あちこちが痛くなっていることもあるだろう。

それでも、座ることが現代生活の基本になっている。そのため、座ることによって生じる害を無視している人がほとんどだ。自分が毎日どれだけ座っているか考えることもないだろう。あなたがその一人なら、このテストがそれを知る機会になる。

準　備

1日のうちで、椅子に座っていたり、ベンチとかソファ、ベッドに座っていたりする時間を記録していく（横になっている時間は除く）。典型的な過ごし方をしている平日に行うといい。仕事がある平日は、1日のかなりの部分を座って過ごす人が多いからだ。

座っている時間を紙と鉛筆を使って書き留めていき、時間数と分数を合計する。なお、床の上に座っている、しゃがんでいる、（自転車、ボート、カヤックを漕ぐといった）座って運動している時間は追加しない。

テスト

起床時から就寝時までの、座っている時間を記録する。

結果が意味するもの

座って過ごした時間数がスコアになる。30分未満の"分"は切り下げ、30分を超える"分"は切り上げる（7時間26分は7時間、7時間45分は8時間にする）。座っている時間の多さに驚くのは、あなたひとりではない。アスリートであっても、自分の数値にショックを受ける人が少なくない。ここで重要なのは事実を認識することだ。そして、長時間座ることを避けるため、文字通りの一歩を踏み出すことにある。

- ■ **6時間以内**——立ち続ける必要がある仕事に就いていない限り、この目標を達成するのは容易ではない。そのまま続けてほしい。
- ■ **7〜9時間**——9時間であれば、6時間にするのは大きな飛躍のように思えるかもしれない。しかし、私たちの経験から言うと、椅子に座らない時間を増やしていくと変化が起こる。座りたくなくなるからだ。7時間であれば、ゴールが近い。
- ■ **10〜12時間**——生活を大幅に変える必要がある。私たちはその変化を起こした人を何百人も見てきた。あなたにもそれができる。

■**13 時間以上**──このバイタルサインでは危険な状態にある。しかし、座り続けることの弊害を今まで知らなかっただけかも知れない。重要なのは、一夜にして変える必要がないことだ。立っている時間を少しずつ長くしていく。それが、体にとって好ましいことであることを意識しよう。

いつ再テストすべきか？

毎日

立っているだけで
カロリー消費と痛みに効果絶大

　バイタルサイン9の「心がけたい動きと習慣」は、ある意味、バイタルサイン4パートⅡと呼んでいいかもしれない。両方とも、座っている時間を減らし、体をもっと動かすことが目的になっている。1日あたりの歩数が重要な部分を占めているが、歩く必要がある仕事に就いていない限り、1日中歩き続けることはできない。そこで登場するのが、立つことだ。**立っていると動きにつながりやすいからだ。**

　厳密に言えば、立っていることは動いていることではない。その気になれば、ほとんど動かずにいることもできる。しかし、そうはならない。立っていると動きたくなるからだ。実際、快適に立っているには動く必要がある。誰かが立っているのを観察したり、自分で体験したりすると、じっとしていることがいかに難しいかがわかる。腰を振ったり、足をあちこち動かしたり、片方の膝を曲げたり、体重を移したり、腕を組んだり解いたりしている。

　立っているときの不快感を和らげるために、コンサート中に、ヨガの「木のポーズ」を取っている人を見たことがある。動かずに体を安定させバランスを保つことは難しい。だから少しも動かずに長く立ち続けていられるバッキンガム宮殿の衛兵には敬意を表すべきなのだ。

218

立っているときの動きは、いわゆる "そわそわ動き" になる。こういった何の報酬も伴わない無意識に起こる動きへの衝動を「自発的身体活動」（Spontaneous Physical Activity, SPA）と言う。

例えば、立ったまま腰を振ったり腕を組んだりしても、それだけでは本棚にある本をつかむことはできないし、チートスの袋に近づくこともできない。しかし、カロリーは燃焼している。SPA は、NEAT（Non-Exercise Activity Thermogenesis：エクササイズ以外の活動による熱発生）というカテゴリーに分類される動きであり、ここでの「熱発生」はカロリー燃焼を意味する。

NEAT には、そわそわすること以外にも、トイレに行くために机から離れる、キーボードを打つ、靴ひもを結ぶためにひざまずくといった行為が含まれる。そして、健康的な体重を維持できる人と太りすぎの人を分ける要因の 1 つが NEAT にあることがわかっている。そわそわする人のほうがカロリーをより多く使っているからだ。

ジェシムズ・A・レヴィン博士は、座りがち生活のマイナス面にスポットライトを当てている研究者だ。メイヨークリニック／アリゾナ州立大学肥満解決イニシアチブの元共同ディレクターであり、かつて「座りすぎは死を招く行為だ」とニューヨーク・タイムズ誌に語っている。彼が行った研究の中に、横になって何もしないでいる場合と、さまざまな活動を行った場合のエネルギー消費量を比較したものがある。

横になっている場合と比較したエネルギー消費量

・座って動かずにいる　　　　6%↑
・座りながらそわそわする　　54%↑
・立って動かずにいる　　　　13%↑
・立ってそわそわする　　　　94%↑
・時速 1.6 キロの歩行　　　154%↑
・時速 3.2 キロの歩行　　　202%↑

・時速5キロの歩行 　　　292%↑

　スタンディングデスクを使っているジュリエットは、自分が1日8時間立っていると、ソファや椅子に8時間座っている場合よりも275キロカロリー多く消費することを導き出している。この数値は、立っていることによるカロリー消費のみを対象にしている。そこに、そわそわすることで消費するカロリー数は含まれていない。

　それでも、365日続けると、座っているときと比べて年間で100,000キロカロリー余分に消費することになる。それはフルマラソン38回分に相当する（平均的なランナーは1.6キロあたり約100キロカロリーを消費する）。立ち仕事の日数を1年間の営業日数の平均である260日に減らしたとしても、およそ71,000キロカロリーが消費され、それでもフルマラソン27回分だ。カロリーをいつも気にしているなら、座る時間を減らして立っている時間を増やせば、食べるものの選択をもっと柔軟にできるということだ。

　それだけではない。座る時間を減らすと、肩や首の痛みが軽減することを日本の研究者らが発見している。他の研究でも、座位／立位の調整が可能なシットスタンドワークステーションに変えると腰痛が軽くなることが明らかになっている。逆に、座った姿勢のままでいると腰痛を招き、その腰痛が原因になって椅子に座っている時間が増えていく。こちらは、まさに悪循環だ。

せっかくのエクササイズ効果も半減させる

　長時間座っているときに限ってどこかが痛くなる場合は、座っていることと痛みの関係を推測するのは難しい話ではない。しかし、長時間の座りっぱなしがもたらす他の悪影響——血管機能や血糖代謝の低下、高血圧、炎症、脳への血流低下など——は、手遅れになるまで気づかないことがある。座りすぎには、中性脂肪値やインスリン値を低下させると

いったエクササイズによる有益な効果を弱める弊害もある。

　以上が起こる理由の1つは、椅子に座っているときの脚の筋肉組織がひどく"受動的"になり、エネルギーを必要としなくなるからだ。それに応じて、血流や血糖代謝が低下する。一方、立っていると上半身の重さを支えるために脚に負荷がかかる。エネルギーが必要になるので、血流や血糖代謝が悪くなることはない。

　アリゾナ州立大学栄養・健康促進学部の研究者らが、太りすぎの被験者9人の食後血糖値をさまざまな条件下で測定し、この点を実証している。座っているときと比べて、一定時間立っている、一定時間自転車に乗る、一定時間ウォーキングするといった介入を行ったところ、当然だが、自転車に乗ったり、ウォーキングしたりすると血糖値が良好な状態に変わった。しかし、ただ立っているだけでも、血糖代謝がかなり改善することが明らかになっている。

　前述したように、ジュリエットは、1日中立っていると、1年間のカロリー消費量が大幅に増加することを見つけている。反対派は、1時間立っていることと、1時間座っていることを比較してもエネルギー消費量の差は大きくないと言いたがる。

　しかし、私たちの返答は「だから？」になる。なぜなら、その習慣を維持すれば、小さな数字が複利的に増えていくし、間違いなく、立っているために使うエネルギーに、そわそわするためのエネルギーが加算されていく。体のコリをほぐしたり、バイタルサイン5で説明したC字形から抜け出したりできるメリットもある。自然に歩数が増えることにもつながるだろう。立っているときに電話がかかってくると、話しながら歩き出す可能性が高くなる。すでに立っているので、同僚に何かを伝えたいときも、メールするより、その人のデスクまで歩いて行って要件を伝えるほうが簡単だ。座っていると眠くなる。立っているとシャキッとしていられる。午後3時過ぎにやってくる倦怠感も少なくなるだろう。

エクササイズしている人には特にメリットがある。トレーニングする人は、心拍数や体温を最大化させた直後に、だらりと座ってクールダウンしがちだ。それだと、エクササイズで得たものを体に適応させるうえで良い方法にはならない。心拍数と体温をゆっくりと戻していくものにもならない。

また、椅子に座ると血流が悪くなって、筋肉や結合組織が硬くなりやすい。マイケル・フェルプスのような水泳選手がレース後にウォームダウンプールに移動するのも、ケンタッキーダービーで走った後の馬を馬場で歩かせるのもその時間をつくるためだ。動くことが多くなる環境を整えることの利点の1つは、**クールダウンする必要がなくなる**ことだ。

例えば、トレーニング後にスタンディングデスクに向かえば、そわそわしたり、姿勢を変えたりすることでクールダウンすることができる。

立って仕事をした後に走りに行くのと、座って仕事した後に走りに行くのとでは、違いが出るだろうか？　テストしてみればわかる。1時間座ってから全力疾走したときのタイムを測る。次に、1時間立ってから全力疾走したときのタイムを測る。立っていた後のほうがいいタイムが出るはずだ。

座っている時間をできるだけ短くする

バイタルサイン9の目標は、座り続ける時間をできるだけ短くすることにある。スタンディングデスクを使う、スタンディングデスクと座りデスクの間を行ったり来たりする、頻繁に立ち上がる、バスやクルマに乗ったときや待合室では座らないように決めるなど方法はたくさんあるが、その日の状況に応じてどれかを採用すればいい。ともあれ、**座っている時間は1日6時間以内にすること**を目指してほしい。

座ることが当たり前の社会にいるものの、時代の流れが私たちに椅子から立ち上がるよう促しているのは間違いない。それを証拠に、タイミングを見計らって立ち上がるように告げるアプリ、スマートウォッチ、

フィットネストラッカーその他のデバイスが登場している。

立ち上がることを促すデバイス音によって生産性や思考が妨げられるという意見があるものの、立つことが生産性を向上させることをいくつかの研究結果が示している。テキサスＡ＆Ｍ健康科学センター公衆衛生学部の研究者らが、立つ／座るが調節可能な昇降式デスクを与えられたコールセンターの従業員の生産性を6カ月間にわたって調べている。167人の参加者のうちの半数に昇降式デスクが与えられ、残りの半数に通常の机と椅子が与えられた。

昇降式デスクを与えられた人は、通常の机を与えられた人たちよりも、1日当たり1.6時間座っている時間が短くなった。**立っていると体の不快感が少なくなるという感想が寄せられ、座っている人たちと比べて生産性（通話の成功率に基づいたもの）が向上していった。**最初の1カ月間で23％、6カ月間で53％も向上した。

コールセンターにおけるこの研究は、スタンディングデスクを使う子供たちについて私たちが知っていることと一致する。立っている生徒は、実行機能とワーキングメモリーが大幅に向上するのだ。

立つことは私たちの心身に好ましい変化をもたらす。しかし、"安楽椅子"から立ち上がるかどうかを決めるのは、結局、あなた自身だ。今日も、地下鉄の座席、待合室のベンチ、リビングルームのソファがあなたを手招きするだろう。その快適さに身を委ねたいと考えるのは当然のことだが、私たちは立つ時間を増やし始めた人たちが、次第に座ることに魅力を感じなくなっていくのを見てきた。バスに乗っていて誰かが席を譲ろうとしてくれたとき、「ありがとう、でも立っています」と言うのが心地よいことになるのだ。

これまで気づかなかった選択肢があることにも気づくようになる。例えば、私たちは講演を聞きに行くとき、最後列にある椅子の後ろに立つようにしている。可能なところまで立っていて、疲れたら空いている席に座るようにしている。同じように、獣医師がペットを診察している間

や、テイクアウト用の食べ物ができるまでの間、立って待ってはいけないという法律はない。午後の生産性低下を避けるために座ってコーヒーを飲む代わりに、立って動き回ることもできる。「座る時間を減らす」という方針でいると、さまざまなチャンスが目の前に現れてくるだろう。

多くの人にとって、立っている時間を増やすうえで最大の障害となるのは仕事机だ。私たちはスタンディングデスクを強く推奨しているが、人々を躊躇させる誤解がいくつかある。スタンディングデスクや調節可能な昇降式デスクが高価なものという思い込みだ。確かに、気絶するほど高価なものや歩きながら仕事ができるトレッドミルが合体したスタンディングデスクさえある。

しかし、市場には安価な商品がたくさんある。いつも使っている机の上に置ける昇降式デバイスもその1つだ。ほとんど費用がかからないオプションもある。段ボール箱を貼り合わせて机の上に置いたり、コーヒーテーブルのような低いテーブルを置いたり、厚い本を何冊か重ねて台にしたりして、その上にコンピュータを置けばいい。

心がけたい動きと習慣

立って仕事する環境をつくり、座っているときも動く

立っている時間を増やすうえで大切なのは、"立つ"と"座る"の選択ができるようにすることだ。お金をかける、かけないは別にして、立って仕事できる環境をできるだけ早くつくる。その環境を快適かつ効率的に使うためのガイドラインをこの先で説明する。さらに立っていないときも、私たちはあなたに動いてほしいと思っている。そこで、動きにつながる座り方についても説明したい。

立って仕事する環境をつくる

スタンディングデスクは、動きやすく、生産性が向上するような快適なものであるべきだ。ここでは、立って仕事する環境をつくるうえで、知っておくべき5要素を説明したい。

1．足元のコントロール

作業する場所の床が硬いと、快適さを求めてより多く動くことになる。良いことのように聞こえるが、床の硬さが思っている以上の不快感につながるときがある。実際、どんな感じがするかを確認しよう。数日後に痛みを感じた場合は、ラグやエクササイズマットを敷く。長時間立ち続ける人のためにつくられた疲労防止マットを購入してもいい。

2．デスクの高さ

スタンディングデスクの高さは100センチ程度であることが多い。高さを調整できるスタンディングデスクを選べば、高さに関しての自由度が増す。仕事中の姿勢は人それぞれなので万人用の高さは存在しないが、高さに関しては、次の経験則を試してほしい。

リファレンス・フット・ポジションで立つ（バイタルサイン4を参照）。前腕が床と平行になるように腕を曲げる。（キーボードの高さを考慮して）肘がある位置に2.5センチ加えた高さが机の表面になるようにするといい。「しなければならない」ではなく「するといい」と言っているのは、その高さが快適であることが大切だからだ。快適でなかったら、上下に調整したほうがいいサインになる。高くする場合は、適当な厚さの本を積めば解決する。高さが固定されたスタンディングデスクを買うときは、作業面が自分にとって高すぎないか慎重に検討する必要がある。作業面は本を積めば高くできるが、低くすることはできないからだ。

3．姿勢のオプション

　姿勢をあれこれ変えられるオプションがあれば、さらに快適な環境にできる。その昔、あるバーテンダーが、客に長居してもらって注文を増やすには、寄りかかれる高さがあるカウンターにしたらどうかと考えた。さらに、腰椎の負担を軽くするために、足をかける場所が必要だと気づき、バーカウンターの下方にレールを付けた。

　バーテンダー・ハンドブックを読むと、姿勢を変えることで長く立っていられるようにする工夫がいろいろ紹介されている。例えば、バー・スツールを体の後ろに置くと、時々寄りかかったり、腰をちょこんと乗せたりできる。バー・スツールは、高さが股下あたりまであり、座面が平らで角張ったものが望ましい。座ってしまうより、腰を乗せるだけにしたほうが弊害を少なくできるからだ。

　ワークステーションを快適な場所にするもう1つの推奨品は、バーレールのように片足を上げられるフットサポートを置くことだ。これも立っているのが快適になるツールになる。スツールの座面の下にある横棒の上に足を乗せたり、椅子の座面に膝を乗せたり、机の下に箱や傾斜板を置いてその上に足を乗せる方法も考えられる。立っていることを助ける適切な補助器具を置けば、それらを使って負荷を軽くする方法を体が見つけてくれるだろう。

4．リファレンス・フット・ポジションにする

　スタンディングデスクを使う目的は、体をより動かすことにある。そして、立っていればその最中に自動的にさまざまな姿勢を取ることになる。ただし、まっすぐ立っているときは、リファレンス・フット・ポジションにする。思い出してほしい。両足先をまっすぐ前に向け、腰の両端の下にそれぞれの足を置く。すると、体重の50パーセントが母指球（足の指の付け根）にかかり、残りの50パーセントがかかとにかかる。さらに、下を向いたとき、足首が足の真ん中にあり、内側や外側、前や

後ろに倒れていないようにする立ち方だ。足首がどちらかに傾いていたり、膝が内側に傾いていたりしたら、良い姿勢とは言えない。

5. マラソンレースとしてとらえる

立って仕事する環境を自在に使えるようになるにはトレーニングが必要だ。ふだんあまり歩かない人が、いきなりフルマラソンに参加すべきではない。同じように、**20年間座りっぱなしだった人が、いきなり日に8時間立ち続けるべきではない。間違いなく、痛みが出る。**張り切りすぎると、結局はスタンディングデスクを通常の机と同じ位置に下げて、二度と上げない結末を迎えがちだ。だから、少しずつゆっくりと。1日30分から始めて、自分に合うペースで立つ時間を増やしていこう。

動きにつながる座り方

スタンディングデスクを使いたくない、あるいは、使えない環境にいる人もいるだろう。そして、座っているとき、ほとんどの人は手を動かしているだけになる。それを自分の行動パターンにしないことだ。座っているときも動くことができる！ 2016年に行われた研究によれば、そわそわすることを促すように設計された椅子やフットレストを使うと、エネルギー消費量が20パーセント増加する結果になっている。以下に、座っているときに動く方法をいくつか紹介する。

深呼吸する

体を動かすに当たっての基本から。座っている最中はエビのように丸まらないようにする。首、肩、背中などに負担がかかるからだ。また、ときどき深呼吸できるかどうか確かめる。深呼吸できないときは、動きやすい姿勢ではないことを示している。深く呼吸できるように体を整えてから、動くためのトライを始める。

立ち上がる

野球には7回にクーリングタイムがある。仕事中は、できれば30分ごとのストレッチ時間をつくる。30分ごとに椅子から立ち上がることを思い出すために、コンピュータやスマホなどに備わっているアラーム機能を使って立ち上がるようにする。ストレッチしたり、トイレや休憩室まで歩いたり、職場の周りを一周したりするといった、体を1分間以上動かす習慣をつくる。

モビライゼーションをやってリセットする

デスクのそばで簡単なモビライゼーションをやれば、座り続けることによる悪影響を和らげるのに役立つだろう。特に、ひざまずくアイソメトリクス（94ページ）には、脊椎への圧迫を軽くし、股関節の伸展を促す効果がある。座ったまま「エレベーティッド・ピジョン」（バイタルサイン1）のバリエーションをやってもいい。

やり方はこうだ。椅子に座ったまま、片足裏を平らにして床につけ、もう一方の脚を曲げて、その足首を膝の上に置き、両脚が4の形になるようにする。曲げた脚に手を置き、少し前かがみになり、左側に向かって体をひねり、次に右側に向かってひねる。2分間または可能な限り長く2つの姿勢を交互に繰り返す。左右を入れ替える。

立たない選択をしたときは

ベストセラーになった回想録を2冊執筆し、3冊目に着手しようとしている著者の仕事場についてアドバイスを求められたことがある。彼の場合、椅子に座らなければ集中できなかったのでスタンディングデスクは論外だった。一方で、本を書くために何時間も座ることが体に負担をかけていることも理解していた。実際、趣味であるゴルフのプレーにも悪影響が出るようになっていた。座りながらもっと動けるように、私たちは2つのことを推奨した。

1つはフィジェットバーだ。揺らしたり押したりすると、小さな抵抗が生じるフットレストのことだ（スタンディングデスクでも使用できる）。もう1つは、胴体をより大きく動かすことができる椅子だ。「アクティブ・シーティング」と呼ばれるまったく新しいジャンルに属するギアだ。椅子に座って仕事するにしても、そこを、体を怠けさせる狭い空間にしない方法を探そう。

バイタルサイン **10**

睡眠をおろそかに
していないか？

自分の体を評価してみよう
☐ 睡眠時間を調べる

心がけたい動きと習慣
☐ もっと眠るための戦略

睡眠をバイタルサインの最後に持ってきたのは、価値が低いからではなく、バイタルサイン１〜９すべてに欠かせないものだからだ。十分に眠っていれば、体がよく動くようになる。ここまで紹介してきたバイタルサインを改善するためのエネルギー源にもなる。１〜９の「心がけたい動きや習慣」をやる気になるし、効果がさらに高まるだろう。

死亡原因の15項目のうちの７項目が睡眠不足と関連しているほど、睡眠は、健康全体を左右する。そのため、睡眠不足になると、体はもっと寝ないとダメだと必死になって訴えかけてくる。疲れているときの気分を考えてみよう。動きが鈍くなり、やる気がなくなり、元気がなくなる。不健康な食べ物に手が出やすくなるし、あなたの動きのすべてに影響を及ぼすだろう。

眠れないたびにこういったことが起こるわけではない。人間の体には

信じられないほどの抵抗力がある。ぎこちない姿勢にならざるを得ないとき、食事が不十分なとき、ほとんど眠れないときでも機能する。抵抗力がなかったら、私たちはしょっちゅう深刻なトラブルに直面することになるだろう。しかし、最適でない状態をなんとかやり過ごすことと、はつらつと生きることとは違う。同様に、睡眠不足を1日我慢することと、それを数週間、数カ月、数年にわたって放置することはまったくの別物になる。

米国睡眠財団によれば、米国に住む35パーセントの人の1日の睡眠時間は7時間未満だ。こういった人々のほとんどが、もっと寝られたらいいのにと思っているだろうが、睡眠時間が短いことを誇りにする人もいる。

ビジネス系の雑誌は、1日4時間しか眠らずに精力的に働くCEOや政治家を讃えるのが好きだ。ビル・クリントンは、冠動脈バイパス手術を受けるまで"眠らない男"として有名だった。偶然その手術を受けることになったのか、不運なDNAに大きなストレスが重なったことが原因なのかはわからない。

しかし、大学時代に、偉人は普通の人よりも休息を必要としないと教授から言われたことも一因になっているようだ。遺伝子のおかげで、1日の睡眠時間が5時間未満でも上手くやっていける少数の男女が存在するのは確かだ——研究者らは、そういった人たちを「不眠エリート」と呼んでいる。しかし、不眠エリートの数は人口の1パーセントにも満たないという。つまり、私たちを含め、あなたがその1パーセントに入っていない確率は高い。事実上、**7～9時間の睡眠を必要としない人はいない**のだ。

私たちは睡眠というテーマに熱心に取り組んでいる。ここから、睡眠を優先すべき理由と、無理なく眠りに落ちるためのいくつかのアイデアを伝えたいと思う。現代人は、前へ前へと進むことを知っている。しかし、その日をスローダウンさせ、健康的に1日を終える方法を知る人は

少ない。このアンバランスな"進め"と"止まれ"を、これから紹介する簡単な睡眠戦略でバランスよくしてほしい。まずは、実際あなたが何時間眠っているか調べることから始めよう。

自分の体を評価してみよう

睡眠時間を調べる

　クライアントに全般的な体調を尋ねるときは、どれくらい睡眠が取れているかを教えてもらう。それはプロのアスリートでも、まったく運動していない人でも同じだ。

　多くの人が自分の睡眠時間について過小または過大評価するので、自己評価を聞いた後に、正確な睡眠時間を調べてもらう。あなたにもそれを求めたい。ベッドで過ごしている時間ではなく、実際に眠りに落ちている時間だ。どれくらい眠っているかを正直に観察してほしい。次の日、どんな感じがするかにも注目してもらう。睡眠の質も重要なポイントになるからだ。

　正確な時間や睡眠内容を測定できないこの評価には限界がある。医学的な睡眠研究では、適切な睡眠量がとれているかだけでなく、正常な睡眠段階（これについては後で詳しく説明する）に移行できているかを追跡することで、睡眠障害を抱えていないか判断することができる。

　睡眠段階と睡眠の乱れは、ウェアラブル睡眠追跡デバイスを使えば、ある程度知ることができる。これらのデバイスは、体の動きや心拍数を追跡して、その夜の睡眠時間と睡眠の質に関する情報を提供してくれる。毎晩どんな睡眠をとっているかの情報がほしいとしたら、睡眠追跡デバイスは投資する価値がある。

　しかし、これからやってもらうように、睡眠時間数を調べて、翌朝の気分を自問し、それを記録していくだけでも眠りに大きな変化をもたらすことができる。

準 備

3日間の睡眠時間を平均化する。平日と週末で睡眠時間に大きな差がないか確かめるために、金曜日または土曜日の夜を含める。メモ帳と鉛筆かボールペンを用意する。枕元にメモ帳を置いておけば、夜中に目が覚めていることに気づいたとき、起きていた時間を書き留めることができる。朝になってから思い出そうとしても忘れていることが多いので、このスタイルがベストだ。

テスト

夜中にトイレに行ったり、目が覚めていたりした時間を差し引いた睡眠時間を記録する。眠りに落ちるまでにかかった推定時間も差し引く。こうすれば、完璧ではないものの、適切な推定値が得られる（睡眠追跡デバイスを持っているなら、それを使えばいい）。週のうちの3日を対象にする。そのうちの1日は週末の夜か、翌日仕事がない夜を当てる。昼寝は計算から除外する。

朝起きたときの感じやエネルギー的にその日がどのように過ごせたかも評価する。お昼前に眠くなっただろうか？　朝、頭をシャキッとさせるために大量のカフェインが必要になっただろうか？

結果が意味するもの

3晩の睡眠時間を合計して3で割る。その数値がスコアだ。

7時間未満の場合は、睡眠が十分ではない。ちゃんと眠ればもっと健康になれるし、気分良く毎日が過ごせるようになる。7時間睡眠をとっているのに、午前10時や11時の時点でまだ眠い——カフェインでしかその症状を軽くできない——としたら、8時間か9時間の眠りが必要な人たちの中の一人かもしれない。それだけ寝てもいつも疲れが取れないとしたら別の原因が潜んでいる場合があるので、その場合は、医師に相談することをお勧めする。

いつ再テストすべきか？

記録することを毎朝の習慣にするのがベストだ。

眠ることで記憶を定着させる

不眠で調子が出なくても、ほとんどの人は我慢している。しかし、子供たちの行動を観察すると、私たちの体が睡眠不足をどうとらえているかを知ることができる。子供が、癇癪を起こして床に倒れ込んだり、泣いたり、口答えしたりするときは、たいてい、眠くなったか十分な眠りが取れていないときだ。大人には、感情を爆発させる自由はない。しかし、眠りの質が悪いと、子供たちと同じように、誰かに当たり散らしたり、地面に拳を叩きつけたりしたくなるものだ。

脳は体の中で最も重要な器官であり、脳がきちんと動いていなければ、体を"思い通り"に動かすことができなくなる。そして、**脳の働きが睡眠に依存している事実こそが、睡眠を優先させるべき理由だ**。眠っている間に、脳は情報を整理し、次の日に入ってくる情報のためのスペースを確保している。また、消化しようとしている情報が、知的刺激なのか、向上させたい運動能力なのかにかかわらず、脳は、睡眠によってその内容を記憶し、学びを強化している。

カリフォルニア大学バークレー校の神経科学と心理学の教授であるマシュー・ウォーカー博士の著書『睡眠こそ最強の解決策である』（SBクリエイティブ）中に、右利きの被験者に左手によるタイピングを覚えてもらうというものがある。左手でタイピングを練習した被験者が12時間後にテストを受ける。被験者の半数は夕方に練習し、8時間睡眠を取ってからテストを受け、残りの半数は朝に練習し、睡眠を取らずにテストを受ける。

より良い成績を収めたのは、一晩、眠ったほうのグループだ。眠ると

忘却につながりそうだがそうではない。眠らなかったグループを対象に、今度は眠った後にテストを受けてもらったところ、睡眠を取った最初のグループと同様の結果になった。ウォーカー博士は**「練習し、眠りを取る。それで完璧になる」**とコメントしている。

筋力やパフォーマンスが上がり、ケガもしにくい

　質の高い睡眠を取った後のアスリートのパフォーマンスが向上することはよく知られている。反応速度も向上し、ケガの発生率も低い。よく眠ることが鍵になるのだ。アスリートでなくてもこれは大切な情報だと思う。子供とキャッチボールしたり、自転車に乗ったり、部屋を掃除したり、庭仕事をしたりするときも体を動かす。**十分な眠りがより良い動きを引き出してくれるだろう。**

　運動における睡眠の役割はそこにとどまらない。眠っている間に、運動に関係する組織の細胞を入れ替え、筋肉を修復しつつ、その成長を促しているからだ。そのため、睡眠不足になると、筋肉や筋力がつかない。また、睡眠不足はインスリンに対する感受性を低下させ、組織が炎症を起こしやすくなり、運動耐容能（どれくらいまでの運動に耐えられるかの限界を指す）を低下させる傾向がある。

　筋骨格系の痛みを、どの程度感じるかにも睡眠がかかわっている。睡眠不足になると、痛みを認識する脳の領域が敏感になるからだ。同時に、痛覚を鈍らせる領域の活動が低下する。前向きに考えると、月曜日に背中が痛かったとしても、夜しっかり眠って迎えた火曜日には痛みが軽くなっている可能性があるということだ。**痛みに対する防御の第一線を睡眠が担っている。**だから、痛みを抱えた人が訪ねて来たときは、特に、睡眠時間と起きたときの気分や体調を詳しく聞くようにしている。すべてを俯瞰して見ると、睡眠が健康の鍵になることは明白だ。

睡眠不足は寿命を縮める

　例えば、良質な睡眠が、免疫システムを強く保ち、風邪などのウイルスから体を守ってくれている。年齢に関係なく、睡眠時間が6時間未満になると風邪をひく確率が4倍になることをカリフォルニア大学サンフランシスコ校の研究者たちが2015年に明らかにしている。新型コロナウイルス感染症に関する北京での研究でも、ウイルスに感染する前の週の睡眠時間が少ないほど、症状が重くなることが確認されている。

　さらに憂慮すべきは、**多くの研究が、睡眠不足と寿命が短くなることを関連づけている**点だ。糖尿病、肥満、抑うつ、心臓発作、脳卒中などの生命を脅かす疾患との関連もわかっている。睡眠研究用につくられた施設では、睡眠不足がこれらの病気を引き起こす理由の一端を観察できる。例えば、4時間眠っただけの被験者は、コルチゾール（闘争・逃走ホルモン）の分泌が増え、インスリンに対する感受性が低下し、炎症が増加する。こういった体の反応は、糖尿病の原因となる血糖値上昇につながる。心臓も危険にさらす。うとうとすると心拍数が低下することからわかるように、睡眠は心臓を休ませる時間になっている。睡眠中は拍動が40まで落ち、血圧が低下する。そうならない、あるいはそうなる時間が短いことは、心臓血管系が休まず働き続けていることを意味している。

「すべてを試してみた」のに、眠れないとき

　不眠症が蔓延している。成人の 10 ～ 30 パーセントが慢性的な不眠に悩んでいて、高齢者では 48 パーセントに達する。深刻な不眠に悩んでいる場合は、睡眠専門医を尋ねたほうがいいが、その前に、試してもらいたいいくつかの方法がある。

　できることはすべてやったと言いながら、実際にはやっていなかった不眠症の人を私たちはたくさん見てきた。そこで、この章で説明する「心がけたい動きと習慣」に示したすべての変数――**ルーチン、光、音、モビライゼーションなど**――を本気で試してほしい。

　体に入れるものにも注意する。（244 ページで述べたように）アルコールは睡眠障害を悪化させる。眠るための睡眠導入剤、目覚めるためのカフェインのローテーションは、ある程度の睡眠時間をもたらし、日中は頭が冴えているように感じさせる。しかし、その「冴えた頭」で学習したことを記憶として定着させるような質の高い睡眠にはなり得ない。このローテーションは効果が薄いし、根本的な解決策にはならないものだ。

　極度のストレスを感じる毎日を過ごしていると、睡眠に影響が出やすい。例えば、病気、誰かの死、離婚、仕事上のプレッシャー、家族にかかわるストレスなどが原因になる。この場合は、「現実」を乗り越えていくことが、好ましい睡眠習慣を取り戻す方法だろう。

　不眠をどう扱うかによっても違いが生じる。ケリーの仕事仲間に、夜を通して眠れないことに悩んでいた医師がいた。眠っても 4 時間後には目が覚めて、そこからの 2 時間、横になったまま眠れない不運を嘆きながら朝を迎える。そんな夜を 20 年間も続けていた。何より不眠が体に及ぼす影響が心配だった。最終的に、彼は不眠症を受け入れることにした。夜中に目覚めたら、再び眠くなるまで本を読むようにしたのだ。眠くなったら数時間眠る。この習慣が斬新な変化をもたら

した。横になったまま眠れない不安を反芻していても解決策にはならなかった。本がその不安を紛らわせてくれた。

それは完璧なやり方だろうか？　そうではないだろう。しかし、不眠に対する不安を少しでも和らげてくれるものなら何でも——**オーディオブック、スローな音楽、瞑想アプリ、羊を数えることでも**——試すべきだ。

睡眠は体に備わっている
ブレーキシステムである

目を開けていられなくなり、現実が遠ざかり、眠りの世界に入っていく——至って単純な流れのように思えるが、体のシステムを減速させるのは単純なことではない。心拍数が40回になるまでには、たくさんの変化が起こっている。

眠りにつくには、いくつかの要因が重なる必要がある。1つは概日リズム（サーカディアンリズム）だ。光などの環境から"時"の手掛かりを得ながら、およそ24時間周期で時を刻んでいる体内時計が概日リズムだ。この内なるアラームが、朝の目覚めを助けたり、日が暮れるにつれて眠気を誘ったりする生理的メカニズムを発動している。誰もが似通った概日リズムを持っているが、まったく同じと言うわけではない。あなたが夜中まで起きているのが好きで、あなたのパートナーが早寝早起きタイプになる理由はそこにある。

概日リズムと連動しながら、眠りを促しているのが「恒常性睡眠覚醒要因」だ。こちらは、その名が示す通り、睡眠と覚醒を恒常化させているシステムだ。「睡眠覚醒要因」の「睡眠」側、つまり睡眠圧は、神経系の覚醒領域を鎮めると同時に眠気領域を覚醒させる化学物質アデノシンによって引き起こされる。夕方のコーヒーがあまり良くないのは、カフェインがアデノシンを受け入れる受容体に付着するからだ。その結果、アデノシンがブロックされてしまい、眠気を引き起こす作用が弱まることになる。

正常な眠りでは、4つの連続した睡眠段階を循環することになる。その各段階が独自の役割を果たしている。最初の3段階は、ノンレム睡眠と呼ばれている。体と脳がリラックスし始める1〜2段階の眠りは浅い。ここで筋肉の緊張がほぐれ、呼吸と心拍数がスローダウンしていく。3段階目の深い眠りに入る頃には、その日の疲れから順調に回復し、筋肉

が修復されたり、成長したりしている。また、脳が新しい記憶を格納するためのスペースを確保している。4段階目のレム睡眠になると、眠っているのに脳が活性化する。鮮明な夢を見たり、記憶を定着させたり、1日を通して得た情報を統合したりするのがこの段階だ。

　睡眠中、私たちはノンレム睡眠とレム睡眠の間を行ったり来たりしている。7～9時間の睡眠をとるのが大切なのは、ノンレム睡眠もレム睡眠も、体や脳にとって極めて重要な働きをしているからだ。睡眠時間が短い人は、どちらかの睡眠、あるいは両方の睡眠を失うことになり、その恩恵を享受できていない。さらに憂慮すべきことに、**レム睡眠不足は高齢～中年期の人たちの死亡率を高くする。理由は不明なのだが、レム睡眠が5％減少するごとに、死亡率が13～17％増加することが明らかになっている。**

　このようなデータに接したことから、私たちは睡眠をとても大切にするようになった。さらには少し強迫観念的にさえなった。以前の、私たちはともに睡眠障害を起こしやすい傾向にあった。ケリーは、寝室が真っ暗でアイマスクをしていても、家のどこかに消し忘れた明かりがあるとそれに気づく。ジュリエットは、何か不安なことがあると目が覚めやすかった。しかし、夜中に目が覚めるのはごく普通のことであり、年を取れば取るほど、その傾向が強くなる。**加齢に伴って概日リズムやホルモン生成が変化するからだ。**

　赤ちゃんのように眠るのは、実際には、赤ちゃんのときだけ可能だ（赤ちゃんであってもそうできない場合がある）。だから、可能な限り長くて質の高い睡眠を確保できるよう、私たちは、あらゆる戦略を採用することにした。以下で紹介する戦略は、「睡眠衛生」として知られるもので、体と脳をリラックスさせ、深い夜の眠りに導く科学的根拠に基づいている。

> 心がけたい動きと習慣

もっと眠るための戦略

　睡眠をテーマにした本を読んでも、睡眠を専門にする医師を訪ねても、同じ情報を得ることになるだろう。「**就寝ルーチンを確立しなさい**」だ。それが心地よい睡眠を実現する鍵になる。個人的な経験からも、就寝ルーチンを守ることが効果的なのを知っている。同じ合図を繰り返し体に与えると眠りにつきやすくなり、一晩中眠れる可能性が高くなる。ここでは、それを含めて推奨できる10の方法を紹介したい。

１．同じ時間に寝て同じ時間に起きる。週末もできるだけそのルーチンを守る

　規則正しい睡眠ルーチンが必要な幼児のように、私たちは、毎晩同じ時間にベッドに入り、毎朝同じ時間に起きるように努めている。そのルーチンは、週末に少しゆるくなるものの、大きく変わることはない。**睡眠サイクルは習慣を好む。**同じスケジュールを守れば、夜は眠りにつきやすくなり、朝は目覚めやすくなる。週末に正午まで眠って平日の睡眠不足を解消しようとしても無理だ。昼寝も健全な解決策とは言えない。30分以上の昼寝をすれば第３段階に入る可能性があるものの、夜間の睡眠不足を補うものにはならない。また、昼寝すると寝つきが悪くなり、昼寝と寝つきの悪さがサイクル化する可能性もある。もし、昼寝するなら午後３時までに済ませるようにしたい。

２．日中、できるだけ動く

　バイタルサイン１～９までの「心がけたい動きと習慣」を行っているなら、実践中の項目になる。特にバイタルサイン４のウォーキングはオススメだ。ウォーキングと睡眠の関係について簡単に復習すると、ウォーキングは体を疲れさせ、概日リズムの正常化に役立つ。同じように、朝、外で有酸素運動を行うことも概日リズムの調節に役立つ。**体を動か**

すことが睡眠を促すという話をすると、夜に運動してもいいかという質問が必ず飛んでくるが、それはあまり好ましくない。

なぜかというと、運動すると深部体温が上昇し、体内の覚醒度合いが高まって眠りにつきにくくなるからだ。運動を就寝時間にどこまで近づけていいかは、その人が、夜型なのか朝型なのかといった、たくさんの変数によって決まる。とはいえ、夜の運動は悪いことだと決めつけないでほしい。体が発する声に耳を傾け、睡眠を妨げないなら続ければいい。

３．カフェインに注意する

コーヒー、紅茶、チョコレート、エネルギードリンクなど（デカフェと表示されていても、幾らかのカフェインが残っている）に含まれるカフェインが体内から排出されるのには時間がかかる。人によってカフェインの代謝速度は異なるが、通常は、摂取した量の半分が代謝されるまでに４〜６時間も要する。体内におけるカフェイン濃度がピークを過ぎると、眠りを妨げる力は弱まるが、それでも入眠を阻害しやすい。

ある研究によると、**ベッドに入る前の６時間以内に400ミリグラムのカフェインを摂取すると、平均して睡眠時間が１時間短くなる。**これは、（淹れ方によってカフェイン量は異なってくるが）コーヒーカップおよそ４杯分に相当する。もちろん、１〜２杯でも影響する。

カフェインに対する反応は人それぞれ違うので、その時間以降はカフェインを摂らない決まりをつくるといい。ケリーは午後４時、ジュリエットは午後２時にしている。あなたが何時にしたらいいかは自身の体で試して決めてほしい。

４．寝室にデジタル機器を持ち込まない。 また、就寝前はデジタル機器の使用を制限する。

説明の必要はないかもしれない。ニュース、ゴシップ、恋人とのやり取り、仕事情報、エンターテインメント、カレンダー、健康データなどが詰め込まれたスマートフォンの誘惑に抵抗するのは、本当に難しい。

テクノロジーが本来的な体の動きから私たちをどれほど遠ざけてきたかについて本書を通して話してきた。しかし、1800年代から存在している電球をテクノロジーと考える人は少ないだろう。実際はこれも、1日を人工的に延ばすことで体に相当な負担をかけている。眠気を誘うメラトニンの分泌が、暗くなってくると始まることを覚えているだろうか。人工的な光はメラトニンの分泌を遅らせ、私たちの自然な眠気を数時間遅らせている。その生活に慣れきってしまい、電球がなかった先祖の時代と比べて、私たちの就寝時間はかなり深夜へとずれ込んでいる。

青色発光LEDを使うと、さらに入眠へのハードルが高くなる。**白熱電球が発する光よりも、青色発光LEDが発するブルーライトのほうが、はるかに覚醒効果が高いからだ。**テレビやゲーム機器、スマートフォン、タブレット、パソコンなどの画面を明るくしているのがこのブルーライトだ。暗闇の中にいても、ブルーライトの輝きが、「起きていろ」と私たちの脳に命令している。**すべての電源を切った後も、この覚醒状態は持続する。**そのため、メラトニンが追いついて眠気が襲ってくるまでしばらくかかることがある。必然的に、睡眠時間の減少につながるのだが、特にレム睡眠が減少することが研究によって明らかになっている。

寝室にあるライトがLEDであれば白熱電球に交換することがこの問題を解決する方法の1つになる。寝室からスマートフォンやテレビなどのデジタル機器を追放し、就寝時刻の2〜3時間前になったらすべてをオフにすれば、デジタル機器による入眠妨害を避ける理想的な方法になる。私たちが「理想的な」と言うのは、テレビを観ることがほとんどの人の夜の楽しみであることを知っているからだ。

完全にやめろと言っているのではなく、睡眠を妨げるブルーライトの力を理解し、不眠に悩んでいるならそこに注目してほしいのだ。現実的に考えると、例えば、寝室にスマートフォンを持ち込む場合は、少なくとも、就寝中は「おやすみモード」にする。ベッドでくつろぎながらモニターを観ることをあきらめきれないなら、電源をオフにする時間を決

める。少なくともルーチンとして定めた就寝時間の 30 分前だ。そこか
らは白熱電球を使って本を読むようにするといいだろう。

5．アルコールはごく少量にする（あるいはまったく 飲まない）

　睡眠とのかかわりに限って言えば、アルコールは巧みな詐欺師と言え
る。飲むと眠りを助けると見せかけて、実際は、寝返りを打つことが多
い夜をつくるからだ。アルコールには鎮静作用がある。眠くなるのは事
実だが、マシュー・ウォーカー博士によれば、それは本当の睡眠ではな
い。「アルコールがもたらす脳波状態は、自然な眠りによってもたらさ
れるものとは違う」という。それは「むしろ、軽い麻酔をかけたときに
似ている」のだ。

　眠りが始まっても中断されやすく、本来はタイミングよく移行してい
く 4 段階目の睡眠が乱れやすくなる。アルコールの分解によって放出さ
れる化学物質によってレム睡眠が抑制されるからだ。比較的少量のアル
コールでも、情報を消化する脳の力を弱めるという。

　**ぐっすり眠りたいならアルコールを飲まないようにとウォーカー博士
はアドバイスし、睡眠財団は、飲酒は就寝時間の 4 時間前までに終え
るよう勧めている。**もちろん、アルコールとの付き合い方は個人が決め
ることだ。アルコールと睡眠を秤にかけて、ちょうどいい付き合い方を
探してほしい。私たちも禁酒主義者ではない。主に何かのお祝い時には
アルコールを楽しむ。しかしそれほど嗜まないのは、**睡眠中に行われる
組織の修復と再生をアルコールが妨げる**ことを知ったことが理由の 1 つ
になっている。

　ウェアラブル・フィットネス・トラッカーを製造する WHOP 社が、
収集したデータをもとに、前日アルコールを摂取したユーザーにどんな
影響があったかを分析している。それによると、**前日にアルコールを飲
んだユーザーの心拍変動と安静時心拍数に悪影響があった。**さらに、同
社が大学生アスリートを対象に実施した調査では、**わずか 1 杯しか飲**

まなかったアスリートの心拍変動と安静時心拍数が回復するまでに4〜5日かかった例さえあったという。

ジュリエットも、睡眠追跡デバイスの指標から多くを学んでいる。5週間にわたってアルコール摂らなかった後に飲んだところ、翌朝のデバイスが示した睡眠の質のスコアが100点中25点になったのだ。新型コロナに感染したときにも32点までスコアが低下したが、1杯のお酒の影響はそれ以上だった。

6．クールダウンする

温度は眠りを開始させる重要な要素になる。就寝時間が近づくと体を冷やすことが、概日リズムが眠りを促す方法の1つになっている。暗くなってくると深部体温が2〜3度下がり、この低下が眠りをもたらすメラトニンの分泌を促す。寝室の温度を18度に保つと、このプロセスを助けることができる。

また、**室温を下げると睡眠の質が向上することも明らかになっている。**この話に反するように聞こえるが、寝る前に温かいお風呂に入ったり、温かいシャワーを浴びたりするのもいい。温水の温かさによって血液が皮膚の表面に引き寄せられるからだ。**温かい血液が体の中心から遠ざかることで、深部体温を下げることができる。**お風呂やシャワーにはリラックス効果もある。湯船に10分ほど浸かれば入眠しやすくなるだろう。

7．リラックスする

医師であり、以前、海軍特殊部隊にいたカーク・パセリーは、就寝予定時刻の1時間前にアラームを設定するよう推奨している。眠りに入る準備をするためだ。そのアラームを、デバイスの電源をすべて切って本を読むことに切り替えたり、軟部組織のモビライゼーションをやったり、温かいお風呂またはシャワーを浴びたりする合図にするのだ。それ以降を、1日の疲れを和らげる時間にすれば、眠りにつきやすくなる。

８．寝室を暗くて静かな場所にする

　家のちょっとしたきしみ音や、外を走っていくクルマのヘッドライトの光ですぐに目が覚めてしまうようなら、感覚遮断するといい。遮光カーテンと耳栓が役に立つ。

９．睡眠時間を過小評価する

　睡眠時間を評価してもらったとき、眠っていなかった時間を減算するよう求めたことを覚えているだろうか。それは、ベッドにいたものの、実際には眠っていなかった時間だ。自分たちの睡眠を追跡してわかったことだが、睡眠とみなしている時間の中に、起きている時間が１時間ほどある場合が少なくなかった。それを転機に、８時間睡眠を取りたいときは、実際には、９時間ベッドに横たわっているようになった。**理想とする睡眠時間を確保するには、横になっている時間を長めに割り当てたほうがいいかもしれない。**

10．旅行中も就寝ルーチンを守る

　旅行中、特に時差ボケがある場合は、眠りが乱れやすくなる。深夜まで続くディナーやイベントも睡眠サイクルを狂わせる原因になる。５時間しか眠れない夜もあるだろうが、それを避ける方法はない。しかし、アルコールを控えるといった自宅での習慣をできるだけ守ることでダメージを抑えることはできる。

　私たちの場合、目的地に到着すると散歩に行く。歩けば疲れて眠たくなる。時差があるときは、日光を浴びて現地時間に体を合わせる。ベッドに入る時間がいつもより遅くなっても、カーテンを閉め、アイマスクと耳栓をし、すべてのデジタル機器をオフにするいつものルーチンを踏襲する。私たちの脳は、以上の流れが眠りに結びつくよう条件づけられているので、パブロフの犬のようにちゃんと従ってくれる。

睡眠の質にこだわる私たちの寝室

　私たちは質のいい眠りに執着しているので、寝室もその熱意を反映したものになっている。窓から光が侵入しないように遮光シェードを付けている。さらにアイマスクを着用し、耳栓をする。テープで口を閉じることも多い。

　それだけではない。それぞれの体に合わせた体温制御環境をつくっている。私は暑がりなので、体温が上がりすぎないように、冷たい水が流れるチリパッドの上で寝ている。朝が近づくと自動的にパッドの温度が調節されるので、目覚めたときに氷の上にいるように感じることはない。隣にいるジュリエットは、サーモスタット付きのブランケットを使って寒くなりすぎたり暑くなりすぎたりしないようにしている。市場にはこういった睡眠を快適にする機器が出回っている。体温には個人差がある。この投資は、室温を原因とする深夜の夫婦喧嘩を解消するソリューションにもなる。

　少しやりすぎであることを認めるが、**睡眠は、私たちにとっての最優先事項なのだ**。しかし、睡眠をコントロールするために、必ずしも、こういった機器に投資する必要はない。手ぬぐいを水に浸して冷たくし、胴体にかける（または脇の下に挟む）と、体が冷えて眠りに入りやすくなるだろう。アイマスクや耳栓も高いものではない。気分を落ち着かせる心地よい音が必要であればホワイトノイズマシンを購入してもいいだろう（この程度の寝室内のデジタル機器は許容範囲だろう）。

　寝室を今まで通りの場所にしておく必要はない。睡眠の質を改善できるものを探し、そこを居心地がいい場所にしてほしい。

あなたのすべてを機能させる
24 時間サイクルと
21 日間の BUILT TO MOVE チャレンジ

　数千年前に生まれていたら「自由に動く体を手に入れるにはどうしたらいいだろう？」と自問をする必要はなかったはずだ。それらのすべてが日常生活の一部であり、自然にそうしていたからだ。しかし、今は21世紀だ。ほとんどの人が「動くことがない」忙しい毎日を送っている。セルフケアするための時間が取れない人もいる。

　私たちは自分たちのやり方を24時間サイクルで実行するアプローチと呼んでいる。それは、体のケアのすべてを1日のサイクル内で行うことを意味している。一連の決まった行動を繰り返せば、1日のルーチンを維持することができる。

　夜型人間と朝型人間がいるようにスケジュールは人それぞれだ。誰もが使える戦略は、自分の1日を振り返って、「自由に使える時間はどれくらいあるか？」と自問することにある。ほとんどの人にとって、それは仕事前後の時間に加えて、昼食後の休み時間になる。その時間枠が定まったら、必要なものを加え始めることができる。

　さまざまなモビライゼーションを1日の中にうまく取り入れることができる人もいるだろう。しかし、プログラムを好む人のために、2つのプログラムを紹介したい。

　1つは、**典型的な BUILT TO MOVE の1日──24時間サイクル──がどのようなものかを示す例だ。もう1つは、「21日間の BUILT TO MOVE チャレンジ」**だ。

　「21日間の BUILT TO MOVE チャレンジ」は本書で紹介したモビライゼーションやその他の「心がけたい動きと習慣」をあなたの1日に組

み込むための雛形になっている。さまざまなものを試すと、どれがしっくりくるか、どれを優先すべきか、どれなら楽に実行できるかを判断するのに役立つだろう。

　ゆっくりスタートしてほしい。10日間かけて各章にあるテストをこなしながら、同時に「心がけたい動きと習慣」を毎日に反映させていく。**私たちは、アスリートをはじめとする人たちに新しい習慣を取り入れてもらうことを自分たちのチャレンジにしている。**

　本書でのチャレンジも同じだ。耐久性のある体を手に入れる方法、つまり、やりたいことすべてを痛みなくエネルギッシュに行える——そういった体を手に入れる方法をあなたに取り入れてもらうことだ。あとは、実行してもらうだけだ。

　あらゆる意味で、**あなた自身が「動く」ときが来たのだ！**

24時間サイクル

時間	行動
午前 6：00	起床。岩塩とレモンひとつまみを入れた水を飲む。子供たちのランチを準備する
午前 6：30	朝のエクササイズのウォーミングアップとして、その日に合ったいくつかのモビライゼーションと呼吸法を行う。ワークアウト開始
午前 7：30	ワークアウト終了。子供たちを見送る。クールダウンを兼ねてウォーキングする（3,000 歩）
午前 8：00	朝食（1 日の野菜とタンパク質の割り当ての 1/3）を食べ、コーヒーを飲む。仕事に持っていくランチを準備する
午前 9：00	スタンディングデスクで仕事を開始する。歩きながら電話をかける（1,000 ～ 2,000 歩）。休憩中、あちこちに置いてあるバランスツールで遊ぶ
午後 12：00	ランチ（1 日の野菜とタンパク質の割り当ての 1/3）。食後にウォーキングする（3,000 歩）
午後 1：00	スタンディングデスクでの仕事に戻る
午後 5：00	仕事終了、帰宅。最後のウォーキング（3,000 歩）
午後 5：30	夕食を作る（1 日の野菜とタンパク質の割り当ての 1/3）
午後 6：30	家族で夕食
午後 7：30	家族との時間。床に座ってテレビを観ながらくつろぐ
午後 8：30	デジタル機器をオフにする。サウナに入るか、温かいシャワーを浴びる。10 分間の軟部組織モビライゼーションを行う
午後 9：30	ベッドに入り、読書
午後 10：00	消灯
午後 10：00-6：00	睡眠

21日間の BUILT TO MOVE チャレンジ

	テスト	毎日の実践	モビライゼーション
1日目	座って立ち上がるテスト	・さまざまな姿勢で床に座る練習を始める ・あぐら座り ・90/90 座り ・長座位 ・片脚立て座り	シーテッド・ハムストリング・モビライゼーション（46 ページ） ハムストリング・ロックアウト（47 ページ） ヒップ・オープナー（48 ページ） エレベーティド・ピジョン（48 ページ）
2日目	息止めテスト	・終日、鼻呼吸を試みる ・さまざまな姿勢で床に座る ・シット・スタンド 2 回	モーニング・スピン・アップ（69 ページ） 体幹モビライゼーション（70 ページ） T スピン・モビライゼーション 1（71 ページ）

	テスト	毎日の実践	モビライゼーション
3 日目	カウチテスト	・さまざまな姿勢で床に座る ・終日、鼻呼吸を試みる ・シット・スタンド3回	カウチ・ストレッチ（90ページ） 大腿四頭筋モビライゼーション（92ページ） 股関節伸展アイスメトリクス（ひざまずく / スタンディング / カウチ・アイソメトリクス（93ページ）
4 日目	1日あたりの歩数見直し	・さまざまな姿勢で床に座る ・8,000～10,000歩、歩く ・裸足で歩く ・シット・スタンド4回 ・ラッキング	ハムストリング・ロックアウト（47ページ） カウチ・ストレッチ（90ページ） エレベーティッド・ピジョン（48ページ）
5 日目	パート1： 腕上げテスト パート2： 肩の回転テスト	・さまざまな姿勢で床に座る ・8,000～10,000歩、歩く ・意図的なウォーキングを練習する ・終日、鼻呼吸を試みる ・シット・スタンド5回	ウォール・ハング（134ページ） Tスピン・モビライゼーション2（135ページ） 回旋筋腱板モビライゼーション（136ページ） ワームプッシュアップを試す／練習する（137ページ）

	テスト	毎日の実践	モビライゼーション
6 日目	パート1： 微量栄養素800 グラムの摂取量 パート2： タンパク質の摂取 量	・800グラムの果物と野菜を食べる ・自分に必要なグラム数のタンパク質を摂取する ・さまざまな姿勢で床に座る ・8,000〜10,000歩、歩く（歩きながら鼻呼吸を練習する） ・シット・スタンド6回 ・裸足での歩行またはラッキング	シーティッド・ハムストリング・モビライゼーション（46ページ） 大腿四頭筋モビライゼーション（92ページ）
7 日目	スクワット テスト	・800グラムの果物と野菜を食べる ・自分に必要なグラム数のタンパク質を摂取する ・さまざまな姿勢で床に座る ・8,000〜10,000歩、歩く（1日3食後のウォーキングにチャレンジする） ・終日、鼻呼吸を試みる ・シット・スタンド7回	ディープスクワット・ハングアウト（189ページ） タバタ・スクワット（190ページ）

あなたのすべてを機能させる 24時間サイクルと21日間の BUILT TO MOVE チャレンジ

	テスト	毎日の実践	モビライゼーション
8日目	パート1：SOLEC（目を閉じた状態での片足立ち）テスト パート2：オールドマン・バランステスト	・800グラムの果物と野菜を食べる ・自分に必要なグラム数のタンパク質を摂取する ・さまざまな姿勢で床に座る ・8,000～10,000歩、歩く ・Yバランス・モビライゼーションを練習する ・シット・スタンド8回 ・縄跳びまたはバウンシング	骨のこぎり（211ページ） ふくらはぎストレッチ・クロスオーバー（212ページ） フットプレイ（213ページ）
9日目	座っている時間の長さを調べる	・800グラムの果物と野菜を食べる ・自分に必要なグラム数のタンパク質を摂取する ・さまざまな姿勢で床に座る ・8,000～10,000歩、歩く（意図的なウォーキング） ・仕事中に30分間立つ ・終日、鼻呼吸を試みる ・シット・スタンド9回 ・ラッキング	回旋筋腱板モビライゼーション（136ページ） Tスピン・モビライゼーション1（71ページ） ワームプッシュアップを試す／練習する（137ページ）

	テスト	毎日の実践	モビライゼーション
10 日目	睡眠時間数を調べる	・果物と野菜を 800 グラム食べる ・自分に必要なグラム数のタンパク質を摂取する ・さまざまな姿勢で床に座る ・8,000 〜 10,000 歩、歩く（歩きながら鼻呼吸を練習する） ・睡眠衛生の実践に従う ・仕事中に 40 分間立つ ・シット・スタンド 10 回	ウォール・ハング（134 ページ） 体幹モビライゼーション（70 ページ）
11 日目		・果物と野菜を 800 グラム食べる ・自分に必要なグラム数のタンパク質を摂取する ・さまざまな姿勢で床に座る ・8,000 〜 10,000 歩歩く（1 日 3 回の食後ウォーキングにチャレンジする） ・Y バランス・モビライゼーションを練習する ・睡眠衛生の実践 ・仕事中に 50 分間立つ ・シット・スタンド 11 回	シーティッド・ハムストリング・モビライゼーション（46 ページ） ハムストリング・ロックアウト（47 ページ） エレベーティッド・ピジョン（48 ページ）

あなたのすべてを機能させる 24 時間サイクルと 21 日間の BUILT TO MOVE チャレンジ

	テスト	毎日の実践	モビライゼーション
12 日目		・果物と野菜を 800 グラム食べる ・自分に必要なグラム数のタンパク質を摂取する ・さまざまな姿勢で床に座る ・8,000 ～ 10,000 歩歩く（歩きながら鼻呼吸を練習する） ・オールドマン・バランステストを行う ・睡眠衛生の実践 ・仕事中に 1 時間立つ ・シット・スタンド 12 回	ヒップ・オープナー（48 ページ） 大腿四頭筋モビライゼーション（92 ページ）
13 日目		・果物と野菜を 800 グラム食べる ・自分に必要なグラム数のタンパク質を摂取する ・さまざまな姿勢で床に座る ・8,000 ～ 10,000 歩歩く（意図的なウォーキング） ・睡眠衛生の実践 ・仕事中に 1 時間 10 分立つ ・シット・スタンド 13 回	カウチ・ストレッチ（90 ページ） ディープスクワット・ハングアウト（189 ページ） エレベーティッド・ピジョン（48 ページ）

	テスト	毎日の実践	モビライゼーション
14 日目		・果物と野菜を 800 グラム食べる ・自分に必要なグラム数のタンパク質を摂取する ・さまざまな姿勢で床に座る ・8,000 〜 10,000 歩歩く（歩行中に鼻呼吸を練習する） ・Y バランス・モビライゼーションを練習する ・睡眠衛生の実践 ・仕事中に 1 時間 20 分立つ ・シット・スタンド 14 回	骨のこぎり（211 ページ） フットプレイ（213 ページ） ふくらはぎストレッチ・クロスオーバー（212 ページ） タバタ・スクワット（190 ページ）
15 日目		・果物と野菜を 800 グラム食べる ・自分に必要なグラム数のタンパク質を摂取する ・さまざまな姿勢で床に座る ・8,000 〜 10,000 歩歩く（一部を裸足で歩く） ・睡眠衛生の実践 ・仕事中に 1 時間 30 分立つ ・シット・スタンド 15 回	T スピン・モビライゼーション 2（135 ページ） ウォール・ハング（134 ページ） ワームプッシュアップを試す / 練習する（137 ページ）

あなたのすべてを機能させる 24 時間サイクルと 21 日間の BUILT TO MOVE チャレンジ

	テスト	毎日の実践	モビライゼーション
16 日目		・果物と野菜を 800 グラム食べる ・自分に必要なグラム数のタンパク質を摂取する ・さまざまな姿勢で床に座る ・8,000 〜 10,000 歩歩く（歩行中に鼻呼吸を練習する） ・睡眠衛生の実践 ・仕事中に 1 時間 40 分立つ ・縄跳びまたはバウンス ・シット・スタンド 16 回	ヒップ・オープナー（48ページ） 股関節伸展アイソメトリクス（ひざまずく／立つ／カウチ・アイソメトリクス）（93 ページ）
17 日目		・果物と野菜を 800 グラム食べる ・自分に必要なグラム数のタンパク質を摂取する ・さまざまな姿勢で床に座る ・8,000 〜 10,000 歩歩く（1 日 3 回の食後ウォーキングにチャレンジする） ・Y バランス・モビライゼーションを実践する ・睡眠衛生の実践 ・仕事中に 1 時間 50 分立つ ・仕事中に鼻呼吸の練習をする ・シット・スタンド 17 回	体幹モビライゼーション（70 ページ） 大腿四頭筋モビライゼーション（92 ページ）

テスト	毎日の実践	モビライゼーション
18 日目		
	・果物と野菜を 800 グラム食べる ・自分に必要なグラム数のタンパク質を摂取する ・さまざまな姿勢で床に座る ・8,000 ～ 10,000 歩歩く（1日3回の食後ウォーキングにチャレンジする） ・オールドマン・バランステストを練習する ・睡眠衛生の実践 ・仕事中に2時間立つ ・仕事中に鼻呼吸の練習をする ・シット・スタンド 18 回	カウチ・ストレッチ（90 ページ） 骨のこぎり（211 ページ）

あなたのすべてを機能させる 24時間サイクルと21日間の BUILT TO MOVE チャレンジ

	テスト	毎日の実践	モビライゼーション
19 日目		・果物と野菜を 800 グラム食べる ・自分に必要なグラム数のタンパク質を摂取する ・さまざまな姿勢で床に座る ・8,000 〜 10,000 歩歩く（意図的なウォーキング） ・睡眠衛生の実践 ・仕事中に 2 時間 10 分立つ ・仕事中に鼻呼吸の練習をする ・シット・スタンド 19 回	シーティッド・ハムストリング・モビライゼーション（46 ページ） ハムストリング・ロックアウト（47 ページ） ディープスクワット・ハングアウト（189 ページ）
20 日目		・果物と野菜を 800 グラム食べる ・自分に必要なグラム数のタンパク質を摂取する ・さまざまな姿勢で床に座る ・8,000 〜 10,000 歩歩く（意図的なウォーキング） ・睡眠衛生の実践 ・仕事中に 2 時間 20 分立つ ・仕事中に鼻呼吸の練習をする ・シット・スタンド 20 回	回旋筋腱板モビライゼーション（136 ページ） T スピン・モビライゼーション 1、2（71、135 ページ） ワームプッシュアップを試す / 練習する（137 ページ）

	テスト	毎日の実践	モビライゼーション
21 日目		・果物と野菜を 800 グラム食べる ・自分に必要なグラム数のタンパク質を摂取する ・さまざまな姿勢で床に座る ・8,000 〜 10,000 歩歩く（意図的なウォーキング） ・歩きながら鼻呼吸の練習をする ・Y バランス・モビライゼーションを練習する ・睡眠衛生の実践 ・仕事中に 2 時間 30 分立つ ・仕事中に鼻呼吸の練習をする ・シット・スタンド 21 回 ・ラッキング	カウチ・ストレッチ（90 ページ） ディープスクワット・ハングアウト（189 ページ） タバタ・スクワット（190 ページ）

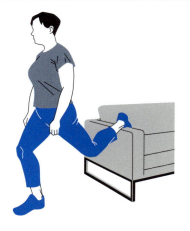

あなたのすべてを機能させる 24 時間サイクルと 21 日間の BUILT TO MOVE チャレンジ

あ と が き

何もやらないわけにはいかない！

　冒頭からこのページまで、本書は有酸素運動や筋力トレーニングについて言及してこなかった。しかし、この2つの身体活動を推奨せずにこの本を終わることはできない。10のバイタルサインは、自由に動くだけでなく回復力に優れた体を開発したり維持したりするのに役立つが、そこに定期的なエクササイズを追加すると、さらに高いレベルの体をつくることができる。エクササイズをやれば追加の保険になるので、ぜひトライしてほしい。

　読者の中には、すでに熱心にエクササイズに勤しんでいる人もいるだろう。バイタルサイン4の8,000〜10,000歩のウォーキングを日課にしているなら、すでに、ある程度のエクササイズをやっていることになる。まだ、何もやっていないとしても、エクササイズとの付き合い方について私たちが学んできたことは、あなたにとって価値あるものになると考えている。

"THE BUILT TO MOVE" マインドセット

　エクササイズがもたらす健康上の利点を知らない人はいないはずだ。したがって、心臓病、糖尿病、一部のガン、抑うつ、肥満などのリスクを低下させる事実についてここで延々と説明するつもりはない。エクササイズは最高の予防医学になりうるし、気分もよくしてくれることをほとんどの人が実感している。私たちもそうだ。

　どんな種類のエクササイズを、いつ、どこでどれだけやるべきかといった内容は、あまり明確になっていない。米国保健福祉省が発表した最

新の米国人向けの身体活動ガイドラインに従えば、以下の通りになる。

成人は、毎週、中強度の有酸素運動を少なくとも 150 分間、または高強度の身体活動を 75 分間行う。その 2 つを組み合わせて、同程度の運動量にしてもいい。また、中等度以上の強度で、すべての主要な筋肉群を使う筋力トレーニングを週に 2 日以上行うパターンでもいい。誰もがこのガイドライン（および本書の「心がけたい動きと習慣」）に従えば、自分の世界を変えることができる。しかし、あらゆる試みは崩れやすいものだ。だから、もう 1 つの運動原則を加えたい。それは、「いつも何かをする」、あるいは、デイブ・スピッツが好んで言い換える**「できることをやる」**だ。

元大学陸上競技選手でオリンピックを目指していたデイブ・スピッツは、現在、評判の高いトレーニング施設を開設していて、引く手数多のコーチにもなっている。ポッドキャストでデイブにインタビューしたとき、彼は、ジムのオーナーはいつもワークアウトをやっているという考えを人々から払拭したいと語った。施設のメンテナンス、従業員のマネージメント、さらに 3 人の子供がいるため、彼にはエクササイズに当てる時間がなかった。以前は、トレーニングできないことが彼を苦しめた。しかし、苦しむ代わりに「できることをやる」をモットーにすることにした。毎日、少なくとも 10,000 歩のウォーキングを行い、夜はよく眠り、野菜をたくさん食べるように心がける。間違いなくそれだけはクリアする。そのうえで、できるときだけトレーニングするという戦略だ。

デイブのモットーは、エクササイズに対する私たちの気持ちを代弁してくれている。この本の中で 24 時間サイクルのようなルーチンを示したし、「米国人向けの身体活動ガイドライン」の内容にも心から同意しているが、私たちにも、仕事と子育てが重なってトレーニングができない時期があったからだ。

特定のルーチンを守らなければならないと信じていて、何か邪魔が入

ると、「今日は何もしなくていいや」という誘惑に駆られる人は多い。それは本当によくあることだ。上司に残業を命じられてピラティスのクラスを欠席しなければならなくなると、肩をすくめて、家に帰ってテレビを観て寝る。夜更かししすぎて、次の日、マウンテンバイクを走らせるのが億劫になると、「今日は休み。体を動かす機会がなくなった」と、何もしないで、ゴロゴロして過ごす。これだとその日はまったく動かないことになる。そんなときは、モビライゼーションをやればいい。ウォーキングに行けばいい。10分ほど縄跳びすることもできる。

完璧である必要はない。あなたの体は動きたがっている。そして動かすことが必要だ。だから、どんな動きでも構わない。できることをやる。何もやらないという選択はしないのだ。

時間に追われていた頃、私たちは、バーベルを挙げる時間が確保できなかった。プロテインバーを持ち上げるのがやっとの毎日だった。そのため、「10s」と呼ぶ運動習慣を開発した。毎晩、午後10時になって子供たちが静かになったら、懸垂10回、腕立て伏せ10回、スクワット10回を1セットにして10分間だけ体を動かすプログラムだ。それがその日、私たちができるすべてだった。優れたプログラムとは言えなかったが、体力や健康状態を維持することができた。

さらに、本格的なトレーニングを再開したときも以前と同じように体が動いた。毎夜、続けたその10分間は、鍛えるためのトレーニングではなく、体を停滞させないためのトレーニングだった。誰もが何かに忙殺される時期がある。しかし、**生涯にわたって動く体でいるためには、どんなときも"できることをやる"マインドセットが必要になる。**

アクティブな人になろう

簡単に言えば、エクササイズは人生をより良くするために行うものだ。1つ何かを推奨するよう求められたとき、私たちがオススメするのは筋

力トレーニングだ。時間がかからないから続けやすい。ケトルベルを手に入れ、徐々に重いものを使うようにしていく。腕立て伏せを1回からはじめ、そこから回数を増やしていく。ラッキングも筋力をつけるのに適している。ウォーキングを欠かさなければ、心血管系はカバーできるだろう。

さまざまなエクササイズがあり、その各々をやったときの体の反応は人それぞれ違う。体を動かすとドーパミン(快楽物質)が多く分泌される人もいるし、ドーパミンに対する耐性が低くて不快に感じる人もいる。だから、自転車のペダルを踏んだり、泳いだり、テニスをしたり、ジョギングしたり、ピラティスをやったり、ズンバで踊ったり、カヤックを漕いだり、ゴルフクラブを振ったりするとき、他の人よりも少し頑張る必要があるかもしれない。

その一方で、ピッタリくる何かがある。何が言いたいかというと、たくさんのエクササイズがあるということだ。**いろいろ試してみて、自分がやりたいこと(少なくとも許容できること)を見つけてほしい。私たちの体は動かすためにつくられている。**10のバイタルサインを改善することに加えて、筋力と心血管系を鍛えるエクササイズを行う——それがベストだ。

謝　辞

　本書が完成するまで、多くの人の協力を仰いだ。中でも多大なる貢献をしてくれた2人がいる。1人目は、エージェントのダド・デルヴィスカディッチ。彼は私たちがこの本を書くのにふさわしい心構えができるまで、何年も辛抱強く待ってくれた。彼のビジョン、知恵、指導、そして全体にわたる創造的な才能に私たちは日々驚かされ、執筆活動に活力を与えてくれた。ありがとう、ダド。あなたとご一緒できてよかった。

　2人目は私たちと併走してくれたダリン・エラーだ。彼女がいなければこの本は存在しなかった。私たちの熱狂的とも言えるエネルギーと興奮になんとかついてきてくれたダリンが、多くの人が共感できるような読みやすい本に変えてくれた。著者が2人いる本をまとめる作業はとても難しいはずだが、私たちそれぞれの視点を尊重することで、彼女は、その課題を完璧に乗り越えてくれた。バイタルサインの被験者になってくれたこと、読者にとって何が効果的で何が効果的でないかという適切なアドバイスをくれたことも、非常に貴重だった。その結果、この本が今の形になったのだから。ダリン、あなたの並外れた執筆力、プロ意識、優しさのおかげで、本書は最初から最後まで楽しい経験になった。これがあなたと仕事をする多くの機会の最初となることを願っている。ありがとう。

　細部へのこだわり、鋭い洞察力、そしてバイタルサインの被験者になってくれたことで、独自の視点をこの本にもたらした編集者のアンドリュー・ミラーにも感謝したい。ジョシュ・マッキブルへ。人の体は宇宙の中で最も複雑な構造をしている。目に見えないものを目に見えるようにしてくれたあなたのイラストに感謝したい。

　クリス・ギレスピー、エミリー・リアドン、サラ・イーグル、マシュー・シアラッパ、ティアラ・シャルマを含む、真のエキスパートたちと

一緒に仕事ができた幸運がまだ信じられない。

この本に対する私たちのビジョンを信じ、全面的にサポートしてくれたレーガン・アーサーにも感謝を。ティム・オコネルの早い時期からのサポートにも感謝する。

マーガレット・ガーベイ、リサ・シュワルツ、デイブ・ビーティー、ニコール・ジャーナー、ベン・ハーディ、ライアン・フレデリックス、マイク・スロート、クリス・ジェラード、ケイトリン・ライオンズ、ショーン・グリーンスパンを含む、The Ready State チームのサポートがなければこの本は多くの人の手に届かなかった。私たちの Web サイト、ソーシャルメディアなどを通じて、彼ら、彼女らが、この本を宣伝するのを手伝ってくれた努力の賜物だ。小規模でも強力なチームがあれば、これほど多くのことを成し遂げられる。私たちはこの事実に驚いている。ありがとう。

ジョージアとキャロライン。あなたたちが成熟した有能な若い女性に成長したことを、私たちはとても誇りに思っている。ジョージア、とても優しくて有能でいてくれてありがとう。家族全員のために健康的な夕食を一から作ることができる 16 歳がいるだろうか？　キャロライン、私たちに笑いをもたらし、人生にたくさんの喜びがあることを思い出させてくれてありがとう。この本をあなたたち 2 人に捧げる。親として私たちが正しいことを 1 つしたとすれば、それは、前進し続けなければならないことを子供たちに教えられたことだ。

この本で #800gChalleng を取り上げることを許可してくれた EC シンコウスキーに感謝する。#800gChalleng は、シンプルでありながら素晴らしいアイデアだ。常に変化し混乱状態にある「何を食べるべきか、何を食べるべきでないか」について、これ以上ない指針だと思っている。

いつもサポートをしてくれたギャビー・リースとレアード・ハミルトンへも感謝したい。

ジョイス・シュルマンへ。健康とフィットネスの分野の雑音をかき消して、人々はもっと体を動かし、もっと互いにつながる必要があり、ウ

ォーキングはそのために最適な方法だと言ってくれてありがとう。ステイシー・シムズへ。あなたと知り合えて本当に幸運だった。私たちは長年あなたのアドバイスに頼ってきたし、あなたを友人であり指導者だと思っている。地球の反対側のニュージーランドから私たちをサポートし、質問に答えてくれたことに感謝する。

ジャネットとウォーレン・ウィスコム、ジュリエットの両親、エド・ライとヘレンカ・ウィスコム。70歳を超えてこれほど健康な人たちは見たことがない。シンプルな健康習慣を一貫して実践することが、70代以降も動く体を維持できる方法であることを彼らから学んだ。充実した職業生活を送ることができるよう、また、子供たちを育てるのを手伝ってくれた家族一人一人に感謝する。

ウェス・キット、デイブ・スピッツ、クリス・ヒンショー、マーク・ベル、ジェシー・バーディック、スタン・エファーディング、ジョー・デフランコ、トラビス・マッシュ、マイク・バージェナー、グレイ・クック、クリス・ダフィン。皆さんのストーリーと、この本に与えてくれたインスピレーションに感謝する。

ケリーの両親、ドン・ワードとハリー・ワードは、ケリーが物心ついたころから、世界中のレースやイベントに参加してきた。ドンの「とにかく行け」という視点とハリーの心理学教授としての視点は、ケリーの心身に大きな影響を与えることになった。コロラドの山岳地帯にある彼らの家は、私たちには、もっと新鮮な空気とキツネの群れが必要であることをいつも思い出させてくれる。

ジュリエットの兄弟、トム・ウィスコムとそのパートナー、マリッカ・トロッター。私たち全員がなぜ起業家の道を選んだのかはわからないけれど、あなたと同じ道を歩むことができたのは特別なことだった。あなたの助言とサポートに感謝する。そして、私たちの最初の本を『Becoming a Supple Leopard』と名付けるよう助言してくれたことを感謝する。

この人生で私たちを愛してくれて、私たちの奇妙な健康法の実験台に

なってくれて、友達として寄り添ってくれた次の方々に感謝したいと思う（順不同、みんな素晴らしい人達なので）。

ソマン・チェイナニ、ジム＋トリシア・レッサー、エリン・カファロ、ティム・フェリス、ビル・オーウェンズ、マット・ヴィンセント、リッチ・フローニング、ジェイソン・カリパ、マーガレット・ガーベイ、マイク・ノーマン、リサ＋ザック・シュワルツ、ベス・ドーシー＋ジェフ・トラウバ、ダーシー・ゴメス＋クリス・ヤング、アドリエンヌ・グラフ＋アダム・フォレスト、ダイアナ・カップ＋デビッド・シンガー、ロビン＋クリス・ドノホー、ブロディ・レイマン＋セルジュ・ゲルラッハ、ベン＋アリエル・ツヴァイフラー、ジェイムソン＋エレナ・ガーベイ、アリス・タシェニー＋マイケル・リン、オレア・ルーシス、アナスタシア＋スティーブ・マジョンカルダ、ハイディ・タグリオ＋マイケル・ヘイゼルリッグ、パム＋バーナード・ローパー、ケリー＋ブレンダン・ロバートソン、クリスティーナ＋ジョン・ドクソン、ミトラ＋ CJ マーティン、マット＆テッツァ・ハーマン、アリソン＋ TJ ベルガー、リー＋サド・ライクリー、ジャスティン＋クレア・ホービー、リーバイ・ライプハイマー、シェーン・シグル、ジェイミー・ティッカネン、ジョン・ウェルボーン、ジェン・ワイダーストロム、レイチェル・バルコベック、スチュアート・マクミラン、ケイティ＋ビル・ヘニガー、カイラ・チャネル＆シド・ジャモット、ダン・ズモリック＋マリア・キロガ、レベッカ・ルッシュ、ジュリー・マンガー＋アビゲイル・ポルスビー、ベス・ライピンズ、スー・ノーマン、ダマラ・ストーン、アニク＋ジェイ・ワイルド、ケニー・ケイン、マーク・ゴダード、トラビス・ジューエット、キングスリー・ユー、ダニー・マッタ、ショーン・マクブライド、スー・ワイアット、エリカ・プロビデンツァ、キャサリン＋JD カファロ、ダイアン フー、マーク アンダーソン、ジェイミー＋メアリー コリー、クリスティーナ＆エロン コスモフスキー、ステイシー＋マシュー ペリー、ノエル コシーク、コディ ウェスト＋マイヤ ブラウファス、エマ・バード、クリス・ガスタフソン、キャサリン・ピカー

謝辞

ド、キャロリン・ルース、コービー＋モリー・リース、グレッチェン・ウェバー＋TJ マーフィー、リッチ＋ウェンディ・スターレット、シンディ＋フィル・ラッチ、ナターシャ・ウィスコム、クリスティーナ・ライ＋ジャスティン・オケロ、ローレン＋アンディ・ライ、ケイト・コートニー、およびロリー・マッカーナン。最後に、YETI のチャド・ネルソン、Momentous のジェフ・バイヤーズ、Plunge のライアン・デューイ＋マイケル・ギャレット、Specialized のマイク・シンヤード、Marc Pro のライアン・ヒーニー、Hyperice のスターセージ、Vari のクレイグ・ストーリーとジェイソン・マッキャン、Chili Sleep のトッド・ヤングブラッドなどの、Ready State のパートナー各社に感謝したい。

本書の参考文献は、以下の URL より
PDF ファイルをダウンロードできます。

http://kanki-pub.co.jp/pages/built-to-move_sources/

【著者紹介】

ケリー・スターレット（Kelly Starrett）

◉——理学療法士。ニューヨーク・タイムズ、ウォール・ストリート・ジャーナルのベストセラーリストに名を連ねる人気作家。オリンピック選手や大学のクラブチーム、NFL、NBA、NHL、MLBの選手などのアスリートのみならず、障害や慢性的な痛みに向き合う子供、会社員に向けて、可動性改善に対する革新的なアプローチを提供している。ジュリエットとの共著に、『ケリー・スターレット式「座りすぎ」ケア完全マニュアル』（医道の日本社）がある。

ジュリエット・スターレット（Juliet Starrett）

◉——アスリート、弁護士、起業家。母親として、そして非営利団体「スタンダップキッズ」の創設者として、座りすぎのライフスタイルに対して警鐘を鳴らし、あらゆる公立学校の子供たちにスタンディングデスクを提供できるよう尽力している。1997年～2000年まで、パドリングのプロスポーツ選手として活躍し、米国エクストリーム・ホワイトウォーターのチームに所属していた。2度の世界選手権タイトルと、5つの国内タイトルを獲得している。

【訳者紹介】

山田雅久（やまだ・まさひさ）

◉——翻訳家。主な著書に『科学が見つけた！　脳を老化させない食べ物』（主婦と生活社）、訳書に『圧倒的な強さを手に入れる究極の自重筋トレ プリズナートレーニング』『ストリートワークアウト 圧倒的なパフォーマンスで魅せる究極のエクササイズ200』（CCCメディアハウス）、『マッスルエリート養成バイブル』（小社刊）がある。

すごい可動域
死ぬまで痛みのない体を手に入れる10の習慣

2025年2月3日　　第1刷発行

著　者——ケリー・スターレット／ジュリエット・スターレット
訳　者——山田　雅久
発行者——齊藤　龍男
発行所——株式会社かんき出版
　　　　　東京都千代田区麹町4-1-4 西脇ビル　〒102-0083
　　　　　電話　営業部：03(3262)8011㈹　編集部：03(3262)8012㈹
　　　　　FAX　03(3234)4421　　　　　　振替　00100-2-62304
　　　　　https://kanki-pub.co.jp/
印刷所——新津印刷株式会社

乱丁・落丁本はお取り替えいたします。購入した書店名を明記して、小社へお送りください。ただし、古書店で購入された場合は、お取り替えできません。
本書の一部・もしくは全部の無断転載・複製複写、デジタルデータ化、放送、データ配信などをすることは、法律で認められた場合を除いて、著作権の侵害となります。
©Masahisa Yamada 2025 Printed in JAPAN　ISBN978-4-7612-7787-1 C0030